高校社会主义核心价值观教育守正创新研究与实践

宁晓菊 张夏青 ◎ 著

中山大学出版社
SUN YAT-SEN UNIVERSITY PRESS
·广州·

版权所有　翻印必究

图书在版编目（CIP）数据

高校社会主义核心价值观教育守正创新研究与实践/宁晓菊，张夏青著. —广州：中山大学出版社，2021.9
ISBN 978-7-306-07311-2

Ⅰ. ①高… Ⅱ. ①宁… ②张… Ⅲ. ①大学生—社会主义核心价值观—教学研究—中国 Ⅳ. ①G641

中国版本图书馆 CIP 数据核字（2021）第 177223 号

出 版 人：	王天琪
策划编辑：	曾育林
责任编辑：	苏深梅
封面设计：	林绵华
责任校对：	陈　莹
责任技编：	何雅涛
出版发行：	中山大学出版社
电　　话：	编辑部 020-84110283，84113349，84111997，84110779，84110776
	发行部 020-84111998，84111981，84111160
地　　址：	广州市新港西路 135 号
邮　　编：	510275　　传　真：020-84036565
网　　址：	http://www.zsup.com.cn　　E-mail:zdcbs@mail.sysu.edu.cn
印 刷 者：	广东虎彩云印刷有限公司
规　　格：	787mm×1092mm　1/16　12.875 印张　224 千字
版次印次：	2021 年 9 月第 1 版　2021 年 9 月第 1 次印刷
定　　价：	48.00 元

如发现本书因印装质量影响阅读，请与出版社发行部联系调换

前　言

从社会主义核心价值体系到社会主义核心价值观，无论是教学实践还是理论研究，我们十多年的探索从未间断。从"90后"到"00后"，无论是思想意识还是成长阅历，大学生经历了不止一个代际的变迁，我们十多年的关注亦从未间断。

2009年，得益于获得广东省社会科学院共建课题立项，我们开始对高校社会主义核心价值体系教育进行研究与实践。此后的十多年里，我们初心不改并不断深化此领域的研究。研究内容包括：高校社会主义核心价值体系、核心价值观教育与思想政治理论课（以下简称"思政课"）教学融通，党的十八大以来高校社会主义核心价值观教育的成就和经验，"讲好中国故事"与高校社会主义核心价值观教育融通，新时代高校社会主义核心价值观教育守正创新，等等。项目推动研究，研究融入教学，教学引发思考，思考凝成课题，十多年就这样走过来了。

回溯过往，总结成就；立足时代，直面困难；面向未来，探索对策。本书的思想宗旨和主线思路不过如此。我们始终认为，素质教育最重要的价值不在于给学生讲授的理论有多高深玄妙，而在于学生是否真正有所收获和成长。本书各章节就是十多年间在实证调研和教学实践基础上进行的分析和运用，包括成就与经验、守正与创新、养成与践行等。作为一直奋战在高校社会主义核心价值观教育一线的教师，我们的关注和兴趣、职责和能力、自信和使命均通过思考、传授、行动，让大学生获得收获和成长。为了更好地体现实践性和操作性，本书第四部分将近年来做的一些调查问卷和问卷星的默认分析报告，以及教学中开展的一些实践活动方案和表格都收录进来，希望能和同行一起交流互鉴。

我们始终坚信，教育从来都是踏踏实实干出来的，它很多时候也许是琐碎无趣的，但只要默默坚持付出，日久一定见功见效。

目 录

第一编　成就与经验

- 回溯　2008—2012年五年间大学生对社会主义核心价值体系的认同与践行 / 3
- 回溯　高校社会主义核心价值体系教育路径评析 / 9
- 实践　党的十八大以来高校社会主义核心价值观教育的巨大成就和典型经验 / 16
- 理论　党的十八大以来高校社会主义核心价值观研究知识图谱分析 / 29

第二编　守正与创新

- 回溯　社会主义核心价值体系对当年大学生的影响力 / 43
- 关联　从社会主义核心价值体系到社会主义核心价值观 / 51
- 关联　主流意识形态安全与高校社会主义核心价值观教育 / 62
- 守正创新　高校社会主义核心价值观教育的永恒主题 / 71
- 价值理论与现实生活　高校社会主义核心价值观教育如何应对 / 79
- 价值观建设与国家治理　疫情防控下如何融通 / 87

第三编　养成与践行

- 回溯　"90 后"大学生践行社会主义核心价值体系之路径 / 103
- 关联　"讲好中国故事"与高校社会主义核心价值观教育 / 110
- 关联　思政课混合式教学与社会主义核心价值观教育 / 121
- 养成　高校"讲好中国故事"之逻辑理路与方法论 / 132
- 践行　高校开展社会主义核心价值观微电影主题活动探究 / 143

第四编　附　录

- 附录一　"大学生认同与践行社会主义核心价值观现状"调查问卷 / 153
- 附录二　"大学生认同与践行社会主义核心价值观现状"调查问卷默认分析报告 / 157
- 附录三　"党的十八大以来高校培育和践行社会主义核心价值观成就和经验"调查问卷 / 164
- 附录四　"党的十八大以来高校培育和践行社会主义核心价值观成就和经验"调查问卷默认分析报告 / 169
- 附录五　"社会主义核心价值体系融入大学生思想政治教育现状与对策"调查问卷/ 178
- 附录六　大学生"践行社会主义核心价值观　自觉担当时代光荣使命"微电影表演与摄制比赛活动方案与总结 / 183
- 附录七　大学生"践行社会主义核心价值观　自觉担当时代光荣使命"微电影表演与摄制比赛活动分组表 / 189
- 附录八　广东工贸职业技术学院大学生"讲好中国故事,践行社会主义核心价值观"暑期摄影比赛活动方案 / 190

- 附录九　大学生"讲好中国故事，践行社会主义核心价值观"主题摄影比赛作品信息表/193
- 附录十　大学生"参观爱国主义教育基地，践行社会主义核心价值观"微视频摄制比赛活动方案/194
- 附录十一　大学生"参观爱国主义教育基地，践行社会主义核心价值观"微视频摄制比赛活动分组表/197
- 附录十二　大学生"参观爱国主义教育基地，践行社会主义核心价值观"微视频摄制比赛活动获奖证书模板/198

第一编　成就与经验

回溯 2008—2012年五年间大学生对社会主义核心价值体系的认同与践行

内容提要： 2008—2012年这五年间，大学生对社会主义核心价值体系精神内核的把握逐渐深刻、理性，行为的践行度逐步提升。高校思想政治教育工作对大学生认同与践行社会主义核心价值体系、培育社会主义核心价值观起到了巨大的推进作用。

2008—2012年这五年，是社会主义核心价值体系建设大力推进的五年。五年的建设、发展，以及社会公众的践行，促进了社会主义核心价值观的提炼和提出，这是中国特色社会主义思想文化最鲜明的标记。在这个过程中，面向大学生这一重要群体的核心价值建设工作成果颇丰。大学生作为实现中国梦的未来和希望，思想最活跃，个性最彰显，价值取向的影响力最深远，诚如习近平总书记所讲，"青年的价值取向决定了未来整个社会的价值取向"[①]。多年后回望、梳理和反思从社会主义核心价值体系到社会主义核心价值观，大学生这一特殊群体的认同与践行情况、高校教育的实施情况，是检验价值观建设这一系统工程成效的重要标准，也是新时代高校社会主义核心价值观教育守正创新的基础和依托。

一、相隔五年的两次调研的基本情况

2009年，在开展广东省社会科学共建项目"广东大学生践行社会主义核心价值体系研究"时，课题组展开了第一轮对大学生认同与践行社会主义核心价值体系状况的全面调研。当时选择了广东省内三所高职院校和三所本科院校作为抽样群体，在六校2007级、2008级、2009级三个年

---

① 习近平：《青年要自觉践行社会主义核心价值观——在北京大学师生座谈会上的讲话》，载《人民日报》2014年5月5日第2版。

级的大学生中随机抽样，发放 600 份问卷，召开两次座谈会，实施 50 个个案访谈，实地测查大学生对社会主义核心价值体系的认同与践行情况。五年之后在开展广东省教育科学"十二五"规划课题研究时，课题组展开了第二轮对大学生认同与践行社会主义核心价值体系状况的全面调研。因为当时社会主义核心价值观已提出，这一轮研究同时关注了大学生培育社会主义核心价值观的问题。这次选样主体依旧包括三所高职院校和三所本科院校的大学生。不过与上一轮相比，这次增加了 160 个教师样本，在广东省内超过 100 所高校的思政课专任教师、辅导员、学工部和共青团干部以及高校宣传部门的工作人员中发放"社会主义核心价值体系融入大学生思想政治教育现状与对策"调查问卷。本轮调研试图在实地测查的基础上，与五年前做一比较，调查分析这五年间在全社会大力加强社会主义核心价值体系建设的背景下，大学生对社会主义核心价值体系的认同情况，以及培育和践行社会主义核心价值观的现状和未来的工作思路与策略设计。

二、两次调研结果的对比分析

综合问卷、座谈、个案访谈的情况，课题组先期分析了五年来大学生群体对社会主义核心价值体系的认同、践行状况的变化，同时关注了大学生培育和践行社会主义核心价值观的状况。

（一）大学生对社会主义核心价值体系的概念、基本内容等，在理论层面的认识和识记比五年前有所淡化，但对社会主义核心价值体系的精神内核把握得更深刻、更理性

对这两次调研，课题组均设计了两个问题来测查大学生对社会主义核心价值体系基本情况的理论认知。一是"你是否知道社会主义核心价值体系这个概念"。2009 年，"非常懂"和"知道"的比例高达 99.70%；2012 年，这两项加起来只有 89.92%，而"模糊"和"不知道"的人数占比竟然高达 11.08%。这个结果令人不安。二是"你是否了解党中央提出的社会主义核心价值体系的四项基本内容"。2008 年，89.50% 的大学生表示了解；2012 年，这一比例下降到 71.32%。在随后的座谈和个案访谈中，课题组进一步关注此问题，发现比例下降的原因可能在于：历经五

年,社会主义核心价值体系的宣传和教育已经不再停留于概念和基本内容层面,导致大学生对概念、提出的背景等变得陌生和模糊。例如,2011—2012年间,无论是高考还是自考、专升本考试等,社会主义核心价值体系的内容都不像2008年、2009年那样作为必考点。另外,大学生必修的思政课教材《思想道德修养与法律基础》此前将"学习和践行社会主义核心价值体系"作为一节内容,用了大量的篇幅来论述,并作为整门课程的主线贯穿始终。而2013年的修订版只用了一个小的要点来分析"培育和践行社会主义核心价值观"。而且不得不承认,在党的十八大召开前两年,报刊、电视、网络等媒体对社会主义核心价值体系的宣传均比2008年、2009年少了很多,这也是导致大学生对社会主义核心价值体系在理论层面的认识和识记淡化的重要社会环境因素。但令人欣慰的是,那五年间大学生对社会主义核心价值体系精神内核的把握逐渐深刻、理性。主要体现在:一是五年来,越来越多的大学生清晰地认识到加强社会主义核心价值体系建设、培育和践行社会主义核心价值观非常有必要,比例由2008年的84.60%提高到2012年的91.34%,思想认识上的强化是行为上主动践行的前提和基础。二是大学生自己认可的价值理念、应该作为社会主义核心价值的理念与中央倡导的社会主义核心价值观三者高度趋同。问卷列举了13个价值理念供选择,其中,富强、民主、文明、和谐、自由、平等、公正、法治等理念,2012年比2008年得到大学生更高程度的认同。这恰恰证明,党的十八届三中全会提出的24字社会主义核心价值观是民意的诉求和反映,也是社会主义核心价值体系建设水到渠成的发展结果。三是对社会主义核心价值体系四方面内容的精神实质进行的访谈和个案交流,反映出大学生对其认识比五年前更成熟、理性,并且更自觉地将其融入个人的日常行为中。虽然在调查问卷和个案访谈中,很多大学生已记不起社会主义核心价值体系的提出时间和科学内涵的完整表述,但78.81%的大学生认为"在新的历史条件下中国应该继续研究、丰富和发展马克思主义,并用来指导中国的建设实践",89.15%的大学生认为"中国必须坚持马克思主义在中国意识形态领域的指导地位"。在小组访谈中,大学生群体高度赞同"中国特色社会主义是全国各族人民的共同理想",并且这种赞同是建立在他们对当时中国经济繁荣和社会发展高度认可的基础上的,具有理性的支撑。在此基础上,大学生高度认同中国选择的社会主义道路,对国家未来发展充满信心,87.08%的大学生坚信"中华民族的伟大复兴一定能实现"。以上这些均证明,大学生对社会主义核心价值体系的认识已经超越对概念、基本内容的识记层面，而深入对精神内核的领会和理解层面，并且在情感上形成对中国共产党和社会主义道路的高度认同和归依。

（二）2008—2009年，大学生对社会主义核心价值体系呈现出"思想上高度认同，行为上中度践行"的特点，2012年在行为的践行度上有较大提升

2009年的调查结果显示，无论是大学生群体（他评），还是个体（自评），在行为践行方面均只达到中度。这与国家、民族、社会对大学生这一群体的社会期待相去甚远。所以，当年课题组在研究报告中指出，"这个群体对社会主义核心价值体系不单单是要求思想上高度认同，更要求行动上高度践行"。如何提升大学生对社会主义核心价值体系的践行度，恰恰是之后五年我国主流价值建设工作面临的最大困难和挑战。其后五年，面向大学生的社会主义核心价值体系建设工程取得的巨大成果一言以概之就是：大学生对社会主义核心价值体系在行为上更自觉自愿地践行。具体体现在：一是对我国社会主义核心价值体系建设的总体状况进行评价时，认为"很不完善"的比例由2008年的52%降为2012年的32%。这说明对之后几年社会主义核心价值体系建设、社会主义核心价值体系培育与践行工作所取得的成效，大学生是认可并有切身体会的。经济的稳中求进发展、国家所处国际地位的日益提升、整体社会风气的净化、道德正能量的传递等，促使大学生对社会主义核心价值体系建设成效给予了较高肯定并且自觉自愿参与其中。二是自评"你认为自己在学习、工作和生活中是否主动践行了社会主义核心价值体系的四方面内容"时，2008年只有14.30%的大学生认为自己积极主动地践行了，而2012年这一比例达到19.12%。在座谈和个案访谈中，超过七成的大学生认为自己基本具备健康和谐的主流价值观，在工作和生活中具备与时俱进、务实进取的时代精神。三是越来越多的大学生更自觉主动地关注并参与社会主义核心价值体系建设。2009年的调查显示，大学生主要通过学校课程内容（主要是思政课）关注这一主题；至2012年、2013年，大学生群体关注的途径和方式更丰富多样。网络、电视等通过各种柔性的方式和手段，如感动中国年度人物评选、中国大学生领袖评选、公益中国、全国道德模范评选等，更多地推动社会主义核心价值体系和价值观正能量的传播。这对大学生践行

社会主义核心价值体系产生了潜移默化的巨大影响,也带动越来越多的大学生以自身的行动参与其中。当时各省陆续涌现出大量的道德模范人物,如托举哥、最美教师、最美司机等,他们原本并不出名,只是庞大社会群体中普普通通的一分子,却在社会需要的时候用行动切切实实地践行着社会主义核心价值体系,带给整个社会尤其是大学生群体极大的震撼。由此,社会主义核心价值体系在大学生那里不再只是高高在上的、冷冰冰的意识形态理论,而是大众身边的行动准则和行为习惯。更重要的是,大学生在各行各业也许并没有机会成为轰轰烈烈的"最美",然而,他们中的大多数在平凡的每一天,关心世情、国情,追求公正、法治,怀抱美好理想,工作勤奋努力,善待朋友、家人,营造幸福生活,所有这些,正是当时大学生用行动践行社会主义核心价值体系和核心价值观的最好证明。

(三)五年来,正是思想政治教育和社会大环境的优化对大学生践行社会主义核心价值体系、培育社会主义核心价值观起到了巨大的推进作用

2008年、2009年的调研显示,除却学校的强制教育,当时大学生在日常学习和生活中主动关注社会主义核心价值体系的并不多,更谈不上以此约束自己,或自觉地将其外化为行为习惯。课题组进行了原因的调查梳理,发现原因主要包括:大学生的人生历练不足,缺乏对宏观社会进行全局观察和理性分析的机会,导致对社会发展规律和社会价值准则缺乏切身的感受和把握,不能在行为上同步跟进;受到多元社会价值取向和思潮的影响,这在一定程度上消解了敏感而激进的青年群体对这一价值体系的践行能力和动力;当时我国社会主义核心价值体系建设总体上还处于完善之中,大学生群体也就不可能超越前行。之后五年,针对这些消极因素的影响,面向大学生的思想政治教育进行了卓有成效的工作。一是全面加强了大学生的社会调查实践与理性分析指引。大学生主要通过暑假社会调查与实践、爱国主义教育基地参观考察、顶岗实习中职业素养的提升与实践等环节践行社会主义核心价值体系。在高校的思想政治教育工作中,这些已经成为常态并得到普及。高校还通过聘请行业专家开展专题讲座、开设社区文化道德讲堂以及进行企业文化教育与传承等活动,多维度引导大学生全面观察社会,理性看待社会发展中出现的问题。面向大学生的社会主义核心价值体系建设、社会主义核心价值观培育,都以此为指导,并将其切

实落实到社会实践层面。这样的理念在当时也深入高校思想政治教育工作者心中：对教育尤其是价值观的教育来说，无论是社会主义核心价值体系还是社会主义核心价值观，都不仅仅是一种理论元素和观念体系，更是一种实践活动和具体行为。二是对大学生这一青年群体中最重要的成员而言，高校思政课教学的实效性和针对性得到了进一步发挥，富有正能量地引领了大学生的价值取向和价值行为，进而通过大学生这一群体的传承和带动，极其有效地推动了整个国家青年群体对社会主义核心价值体系的认同与践行。这也是党的十八大提出社会主义核心价值观后，迅速得到大学生的积极响应和主动践行的重要原因。三是无论是从建设的力度还是效度而言，2008—2012年都是我国社会大环境大力加强社会主义核心价值体系建设的关键时期。在此背景下，高校也非常重视此项工作，或利用重要纪念活动，或宣传模范榜样，面向大学生全面部署并切实推进社会主义核心价值体系的全员践行工程。在2012年、2013年的调研中，大学生群体对这些工作给予了高度的评价和肯定。大学生群体通过修练结合，对社会主义核心价值体系达到情理交融，进而实现知行统一。

三、小结

作者从以上三方面简要地回顾和评析了2008—2012年即党的十八大召开前五年间，大学生认同与践行社会主义核心价值体系的总体情况。其中自然也折射了当年高校在面向大学生推进社会主义核心价值体系建设并逐步引领大学生培育和践行社会主义核心价值观方面所做的努力和取得的成效。当然，对工作中的一些不足、问题和困境也必须正视，这恰恰是党的十八大后推进高校社会主义核心价值观教育工作的重点。

回溯 高校社会主义核心价值体系教育路径评析

内容提要：经过多年的大力推进，至党的十八大前夕，高校社会主义核心价值体系教育取得较好成效，锻造了当时大学生健康和谐、积极向上的价值取向。当然，不足与问题、困难和挑战依然不少。八年后再回望、反思当年的路径设计和实施效果，会有些新的启示。

任何时代、任何国家，其国民的价值形态都处于不断变化发展之中，因而价值体系建设和价值观念引导是一个永无止境、不断探索、时时创新的实践过程。2008—2012年这五年间，高校思想政治教育的一项重要工作就是面向大学生的社会主义核心价值体系建设。面对新课题，当年的高校思想政治教育工作者持续地开拓创新，力求精准把握大学生的精神面貌，凝聚其思想共识，引导大学生"在自己所处的时代条件下谋划人生、创造历史"[1]。八年后再回望、反思当年高校社会主义核心价值体系教育的路径设计和实施效果，会有些新的启示。

一、寻求社会目标与个体目标的最大公约数

设定什么样的目标，从根本上决定了面向大学生群体的社会主义核心价值体系建设的思路，制约着当时大学生社会主义核心价值观教育的效果，因为目标决定路径的方向和设计。如果没有科学、理性的目标设定，思想观念上再重视，方式方法再科学，手段媒介再先进，都是空洞的，甚至会造成南辕北辙的后果——造成大学生自身价值观混乱和信仰危机。回顾总结时发现，2008—2012年，在社会主义核心价值体系建设过程中，教

---

[1] 习近平：《青年要自觉践行社会主义核心价值观——在北京大学师生座谈会上的讲话》，载《人民日报》2014年5月5日第2版。

育者对大学生认同和践行社会主义核心价值体系的社会目标认识比较到位,对其个体发展目标的重视却不太够,甚至会片面地以社会目标取代其个体发展目标,进而导致一部分大学生对社会主义核心价值体系教育产生厌烦甚至抵触情绪。当年对大学生的社会主义核心价值体系教育在社会目标上不仅设定相当鲜明,实施路径也明晰细致,并得到了很好的实现。引导大学生始终旗帜鲜明地坚持马克思主义的指导地位;教育者坚持不懈地用马克思主义中国化的最新成果教育引导大学生;用中国特色社会主义共同理想信念凝聚大学生的精神信仰;时刻注重在大学生中弘扬以爱国主义为核心的民族精神和以改革开放为核心的时代精神,以鼓舞他们的精神和斗志;引导大学生牢固树立社会主义荣辱观,充分发挥道德风尚的引领、法治规范的制约和社会风气的浸润作用,始终以社会的主流价值观引领大学生的思想发展和行为取向。各类高校、各级团委以及社团组织均非常注重将社会主义核心价值体系融入大学生思想政治教育的全过程,使社会主义核心价值体系的科学内涵成为大学生奋发向上、努力进取、锐意创新、团结和睦的精神力量,使党的十八大倡导的富强、民主、文明、和谐,自由、平等、公正、法治,爱国、敬业、诚信、友善等价值观自然而然地成为大学生价值观的基础和核心。然而,与社会目标的推进和实现程度相比,当时对大学生个体目标的关注则有所忽视和弱化。当年的大学生群体,已经面临严酷的就业环境,就业和生活压力非常大。他们会很关心国家的发展,但也关心个人的前程与出路。当时进行的个案访谈和小组座谈中,大学生总会流露出这样的观点:社会主义核心价值体系是国家、社会、民族层面的宏大叙事,学校或院系、班级开展的社会主义核心价值体系教育并没有充分而热切地关注他们作为个体的发展需要、情感兴趣和利益诉求。

  这些多年前的诉求,即使放在当下高校的社会主义核心价值观教育中,依然给我们很多启示:任何一种价值体系或价值观的教育和建设要富有成效,价值观要真正在价值主体身上生根发芽,都应该是社会与个体目标的双重实现,尤其是在和平时期,因为在和平建设年代,作为个体的人关注自身的生存和发展是人性的常态,本无可厚非。因此,在新时代推进高校社会主义核心价值观教育、促进大学生培育和践行社会主义核心价值观时,同样必须正视其自我诉求,积极引导大学生寻求稳定而有发展前途的工作,促进他们身心和谐健康,提升其人生幸福指数等。只有将个体目标纳入教育目标体系,寻求社会目标与个体目标的最大公约数,宏大叙事的意识形态才能走入大学生的内心世界，社会主义核心价值体系和观念才能得到大学生的认可和接受，在内化为价值追求和精神信仰后，再外化为价值行动。如果只重视社会目标而忽视个体目标，漠视甚至粗暴地扼杀大学生的个性需求，最后社会目标的实现也会在价值主体的无声排斥中大打折扣，甚至无功而返。

二、坚持目的性和规律性的辩证统一

面向大学生的高校社会主义核心价值体系和社会主义核心价值观教育均有着鲜明的目的性；但作为一种教育实践活动，要取得效果和实现目的，也要有清晰的基本遵循，即要契合社会发展规律、个体成长规律与教育的普遍规律。那么，2008—2012年这五年间面向大学生的社会主义核心价值体系教育是否合规律性？包括：价值观念内涵的概括、提炼和社会目标的设定是否契合中国社会和国家民族发展的基本规律？目标的设定及路径规划是否契合大学生的身心成长规律？教育方式手段又是否契合思想政治教育过程的具体规律？这里必须澄清，政治化倾向被认为是长期以来我国大学生工作的重要特点，这和合规律性并不相悖。只要这种政治化倾向是经过历史实践反复检验过的，具有真理性，那么大学生就会很容易接受和理解。梳理当时高校社会主义核心价值体系教育和实践，总体而言，政治化倾向确实明显，但并没有违背以上所言的种种规律。首先，社会主义核心价值体系和党的十八大提出的社会主义核心价值观，作为中国共产党人的重大理论创新，同时也是十几亿国人实践基础上的集体智慧凝结，并在几十年社会主义建设过程中经过实践检验，现实证明其是合乎人类社会和国家民族发展的基本规律并可为全体国民提供科学、理性价值判断的思想体系。在某种意义上，它确实是意识形态的需要，但传道者在理论和现实的逻辑推理上都很容易"自圆其说"。而且因为有现实强有力的支撑，传道者在讲授理论时是理直气壮的。其次，从目标设定和路径规划来看，无论是横向的社会目标与个体目标的区分，还是对纵向的基础性目标与先进性目标的考量，从现代思想政治教育学的角度而言，都既遵循了人的思想道德形成发展的内在基本规律，也合乎思想政治教育要服从、服务于社会发展的外在基本规律。最后，从当年各类高校思政课教学部门、学工部门、团委和一些社团组织实施社会主义核心价值体系教育的过程来看，其理论讲授的方式方法、实践活动的设计实施等，都较好地遵循了思想政治教育过程的一些基本原则和方法,如"科学性与方向性相结合的原则,理论与实际相结合的原则,疏与导相结合的原则,主导性与多样性相结合的原则,精神鼓励与物质利益相结合的原则,教育与自我教育相结合的原则"①等,是经得起推敲和检测的。课题组在面向受教者和施教者的调研中,发现这些均得到了大家的一致认可。当然,八年后回看,问题确实还有不少。一是目标设定方面,大学阶段与中学阶段、在校期间与踏上工作岗位后的培育内容和要求标准严重重复,基础性目标与先进性目标不太分明,社会目标与个体目标脱节甚至分离。二是教育具体实施方面,学生反映理论讲授还是显得枯燥乏味,权威的思想理论与大学生的思维方式、话语体系存在不适应性。例如,很多大学生觉得大多数时候思政课较难与自身心理和情感认同产生共鸣,等等。因此,新时代高校社会主义核心价值观教育的创新要更及时、更科学地把握大学生思想发展的基本规律,因年级施教、因专业施教、因地域施教,精准地设定培养目标和实施培育方法。无论是当年的社会主义核心价值体系教育,还是当前的社会主义核心价值观教育,都必须与现实生活接轨。大学生的个体诉求必须与国家社会需要结合,理论认知必须与习惯践行统一。

三、注重基础性要求与先进性要求的衔接融通

任何一个社会,其主流价值观念都应当既有广泛的包容性,又有鲜明的导向性。社会主义核心价值体系和社会主义核心价值观当然也不例外。在面向大学生的社会主义核心价值体系建设和教育过程中,这一点也始终被重视和遵循。大学生富有个性,在价值观念上呈现出丰富性和多样性,且彼此之间相互影响。因此,在教育时应尊重个性差异,按照"有区别的共同进步原则"进行多层次的设计,对价值认同和践行水平不同的大学生提出不同的教育要求。在教育目标的设计上,首先着眼的是大学生的主体人群都能够达到的价值水平,即基础性要求;然后才着眼于提升层次,即为大学生中的先进分子设计先进性培养目标。价值体系和价值观教育两个层面的要求缺一不可,因为从某种意义上而言,基础性要求是建设社会主义核心价值体系、引领大学生培育和践行社会主义核心价值观的基

---

① 张耀灿、郑永廷、刘书林等:《现代思想政治教育学》,人民出版社2001年版,第330-331页。

石和推动力,而先进性要求则是方向和牵引力。基础性要求的设计是为了夯实大学生群体的价值根基,先进性要求则是为了引领培育方向,两者相互影响、相互促进,统一于群体的价值观塑造整体实践中。

按照社会主义核心价值体系的四方面内涵和24字的社会主义核心价值观,基础性要求的实现体现在:大学生在思想上能够高度认同社会主义核心价值体系的科学内涵和社会主义核心价值观的行为要求,在行动上能够基本践行这些价值体系和要求。建设社会主义核心价值体系、培育大学生的社会主义核心价值观,其先进性要求体现为:在优秀大学生中发展党员,尽量引导大学生中的先进分子加入党组织;通过马克思主义理论教育和社会主义核心价值观教育,培养一批能够在党的领导下,自觉践行爱国、进步、民主、科学、先进的价值观,"勇做走在时代前列的奋进者、开拓者、奉献者,以执着的信念、优良的品德、丰富的知识、过硬的本领,同全国各族人民一道,担负起历史重任"① 的新时代大学生。从社会主义事业可持续发展的角度看,确立这样的先进性培育要求意义重大、影响深远。2013年的调研显示,随着面向大学生群体的社会主义核心价值体系建设工程的推进,基础性目标要求得到了较好的实现。在思想上,大学生主体高度认同社会主义核心价值体系的四方面内容以及24字社会主义核心价值观;在行为上,大部分大学生能够自觉践行社会主义核心价值观。先进性要求方面,大学生党员的发展也呈现出良好的态势,人数不断上升,质量不断提高,党员发展制度不断完善。但无论是基础性要求还是先进性要求的实现,当时都面临一些挑战和困难。基础性要求面临的挑战主要有两方面:一是随着信息网络技术及传播手段的重大革新,数字化生存越来越成为当时大学生工作、生活、学习的日常写照。自媒体和大数据时代所承载的信息多元、多变、多样,这些信息蕴含的价值判断使大学生思想观念和价值观念的选择性、多变性、差异性明显增强。因此,能否及时跟进并熟练运用新媒体等传播载体,准确把握大学生的工作、生活和学习,以及思想、情感、心理等特点和变化趋势,及时创新工作机制和方法,积极拓展工作空间,成为大学生思想政治教育工作者面临的最大挑战。其形势之严峻、任务之艰巨,至今部分高校思想政治教育工作者还没有足够清醒而充分的认识。近年很多专家学者不断强调,从宏观视野来

---

① 习近平:《青年要自觉践行社会主义核心价值观——在北京大学师生座谈会上的讲话》,载《人民日报》2014年5月5日第2版。

看,当前和未来国与国之间的意识形态竞争,已经由过去的观点之争变成现在和以后的以价值观为内核的思维方式、生活方式和行为方式之争,而网络就是这场竞争的最大战场。二是功利主义和实用主义社会风气给当年大学生带来的影响。不得不承认,2008—2012年间,不少大学生无论是在校还是在工作岗位,都比较看重有形的专业技能,注重物质的收益,而忽视无形的思想素养、道德情操;较多关注微观的、家庭的和个人的发展,而较少主动追求和践行社会责任,有仰望星空的社会情怀和理想抱负的大学生还不够多。当然,有人会说,对社会公众而言,这样的价值信仰本来就无可厚非。但处在中华民族伟大复兴新时代的背景下,如果承载时代责任与光荣、肩负国家民族发展大义的大多数大学生只有这样的人生境界,而没有宏观的大德,那么,他们在走出校园,成为社会发展主体力量的时候,就很难做到把人生理想融入国家和民族的事业中,最终推动社会前进发展。

参考文献:

[1] 习近平. 青年要自觉践行社会主义核心价值观:在北京大学师生座谈会上的讲话[N]. 人民日报, 2014-05-05 (2).

[2] 张耀灿, 郑永廷, 刘书林, 等. 现代思想政治教育学[M]. 北京:人民出版社, 2001.

实践 党的十八大以来高校社会主义核心价值观教育的巨大成就和典型经验

内容提要：2012年党的十八大以来，全国高校师生对社会主义核心价值观实现了从理性认知到情感认同，进而潜移默化为自觉行动，高校师生真正成为社会主义核心价值观的坚定信仰者、积极传播者、模范践行者。本文从文本归纳和实证调研的角度对众多高校的创新做法进行归纳分析，提炼出其共性的内在经验：一是坚持党委统一领导，加强顶层设计、协同创新；二是全面构筑起社会主义核心价值观隐性教育平台；三是成功实施社会主义核心价值观教育"三渐进"系统工程；四是细化实施并不断更新、完善社会主义核心价值观教育测评指标体系和规章制度。这些创新做法和成功经验有力地推动了新时代高校社会主义核心价值观教育守正创新、再展辉煌。

2006年，党的十六届六中全会第一次明确提出"建设社会主义核心价值体系"的重大命题和战略任务。2011年，党的十七届六中全会指出，要提炼和概括出简明扼要、便于传播践行的社会主义核心价值观。2012年，党的十八大报告明确提出要"积极培育和践行社会主义核心价值观"。2013年12月23日，中共中央办公厅印发《关于培育和践行社会主义核心价值观的意见》。党的十八大以来，全国高校师生对社会主义核心价值观实现了从理性认知到情感认同，进而潜移默化为自觉行动，高校师生真正成为社会主义核心价值观的坚定信仰者、积极传播者、模范践行者。

一、坚持党委统一领导，加强顶层设计、协同创新

2016年12月7日，习近平总书记在全国高校思想政治工作会议中强

调指出:"要坚持不懈培育和弘扬社会主义核心价值观,引导广大师生做社会主义核心价值观的坚定信仰者、积极传播者、模范践行者。"① 大学生的理想信念、价值观念和精神品质最终会决定其事业成长轨迹和人生发展高度。社会主义核心价值观事实上为高校的人才培养树立了标准和要求。高校立德树人根本任务与社会主义核心价值观在"培养什么样的人,如何培养人"这一根本问题上是一致的,这也决定了高校必须将培育和践行社会主义核心价值观作为一项长期系统性的工作,从顶层设计上不断加强培育和践行社会主义核心价值观长效机制建设。党的十八大以来,全国高校基本上形成了社会主义核心价值观教育的浓厚氛围和良好格局。

我国高校大多实行党委领导、校长治校、教授治学、民主管理的架构模式,行政系统和学术系统并行发展。社会主义核心价值观教育不是马克思主义学院或宣传、学工、团委等哪一个部门的工作,而涉及高校教育教学、科研教研和管理服务各个部门和各个环节。跨学科、跨专业、跨部门的协作为高校社会主义核心价值观教育带来新的教育视角、新的教育教学方法和新的实践领域与途径。在社会主义核心价值观教育方面取得成就的高校,都坚持在学校党委的统一领导下,将学校各部门、各类教育资源进行统筹安排,从而建立起社会主义核心价值观教育的协同创新、责权明确、运转有序、互促共赢、和谐共进的工作机制和育人共同体。因为学校党委的统一领导、顶层设计,社会主义核心价值观教育工作有了更大的视野和格局。

(一)坚持立德树人,秉承德育为先的理念,将社会主义核心价值观有机融入各校的大学精神、软硬件建设和校园文化中

让广大师生在校园文化的传承创新中坚守和践行社会主义核心价值观,在日常的学习、工作和生活中感受到国家的富强、民主、文明、和谐,树立自由、平等、公正、法治的现代理念,培养爱国、敬业、诚信、友善的优秀品质。并且上升到校级的顶层设计,就能将社会主义核心价值观教育这样的宏大话题与关注师生的利益诉求、解决师生的具体困难和问题结合起来,找到思想的交汇点、利益的共同点、工作的契合点,使社会主义核心价值观教育推进得更加顺畅、更加接地气、更加有效果。

---

① 习近平:《习近平谈治国理政》第2卷,外文出版社2017年版,第377页。

(二）学校党委统一领导，高校和属地的相关政府部门、兄弟院校、社区街道等建立合作机制，打造核心价值观教育"社会化大课堂"

这既提升了社会主义核心价值观教育工作的实践性、操作性，又使高校培养的人才综合素质更符合地方经济、社会发展的需要，可谓一举双赢。同时加强高校与企业的协同创新，形成产学研合作机制，使培养的人才在职业素养方面更符合企业的人才需求。企业对人才的需求不仅仅是专业素质，职业素养更深层和持久。高校着眼于大学生社会主义核心价值观教育，一个重要的培养目标就是提升大学生的职业素养，与企业对人才的需求实现对接。社会主义核心价值观教育如果只停留在课堂教学的理论讲授和校园内相对单纯的社团活动中，则很难被大学生深度认同和积极践行。真正的践行必须在企业的实习实践、产学研合作的环节当中体验、贯彻和落实。坚持党委统一领导，做好顶层设计，就能形成政府、学校、企业、社会、家庭共同参与、协同创新的育人格局。

（三）在校级党委和行政层面建立社会主义核心价值观教育的制度规范，加强组织领导，建立责任机制

一是高校科研和教研部门加强了社会主义核心价值观教育理论研究和实践探索。党的十八大以来，随着社会主义核心价值观教育工作的全面开展，高校的思想政治教育教学和研究工作者，对高校社会主义核心价值观教育从理论到实践进行了多维度、多视角、多层面的探索与创新，涌现了众多大家、名家，他们在社会主义核心价值观教育过程模式、长效机制、路径探索、方式方法等方面取得了众多成果。2012年10月至2018年10月，以"高校社会主义核心价值观教育"为主题的文献共有4000余篇。各高校在思政课教学、社会实践、社团活动、校园文化建设等方面全方位引导师生在深化思想认同的同时，在行为上切实践行社会主义核心价值观，为进一步加强和改进大学生思想政治工作提供了新理念、新思路、新方法。总体而言，本科院校长于理论研究，高职院校胜在实践活动，二者相得益彰。二是高校人事组织部门特别注重在教师队伍建设方面落实社会主义核心价值观的规范性，提升教师的育德意识和育德能力。社会主义核

心价值观教育的内涵要求体现在各高校的年度规划和具体政策当中，体现在学生教育管理服务的相应制度和规定当中。

总之，历经多年努力，诸多高校形成了同心同德、群策群力、求真务实的社会主义核心价值观教育良好工作局面，建立了教育内化机制、践行外化机制、立体融入机制、保障机制、评估检查机制、协同创新机制等，社会主义核心价值观教育工作可谓做到了统筹协调、常态推进。顶层设计做好了的高校，就能优化组织流程，落实奖惩机制，严格考核评价，使社会主义核心价值观教育工作真正提升到制度化、规范化、常态化水平。

二、全面构筑起社会主义核心价值观隐性教育平台

由于隐性教育不受时间、空间等因素的限制，具有开放性、间接性、多样性、持续性、自主性等特点，无论是课堂教学、校园环境、人际交往、实习实践还是网络舆论都可以渗入，所以，在高校进行社会主义核心价值观教育，可以充分地将其融入大学生的专业学习、校园生活、社会实践中，潜移默化地陶育大学生的思与行。党的十八大以来，诸多高校都精心构筑并不断创新社会主义核心价值观隐性教育平台，极大地调动了大学生对社会主义核心价值观学习和践行的主观能动性，增强了大学生情感上的认同与归属感、行为上的自觉规范意识，使其成为人格品质提升的强大推动力。如中山大学马克思主义学院成立了"习近平新时代中国特色社会主义思想学习研究会"，它既是大学生学习研究习近平新时代中国特色社会主义思想的重要平台，也是对大学生进行社会主义核心价值观隐性教育的重要平台。研究会依托马克思主义学院，与校团委、学工部合作，定期举办学术讲座，不定期开展分享交流活动，引导大学生结合自己的学习、生活，思考如何扣好人生的扣子，如何做到勤学、修德、明辨、笃实，做社会主义核心价值观的积极践行者。全国不少高校都有以社会主义核心价值观为研究和交流内容的社团和学习会。

构筑社会主义核心价值观隐性教育平台的内在规律是什么？一是与显性教育平台实现互补，拓展了教育的时空广度，极大地丰富了教育形式。显性教育方式固然有它的优势与效率，但在社会多元化发展和人们价值观多层次化的社会背景下，显性教育远远不能满足大学生的价值观追求，也不能解答他们的价值观困惑。二是隐性教育独特的社会实践性和贴近生

活、寓教于乐的特征，可以多层次、多角度、全方位、全过程地对大学生进行社会主义核心价值观教育。如中山大学多年来以五个"融入"为重点，"综合运用课堂教学、实践养成、文化熏陶、制度保障、研究宣传等方式，落实到教育教学和管理服务各环节，真正使社会主义核心价值观内化于心、外化于行"[①]。但必须强调一点，隐性教育特别需要为师者有高尚的人格操守、深厚的学养魅力和博大的爱生情怀，这样才能持之以恒地正向引领和感化学生。三是契合了当今网络媒介迅猛发展对教育的影响。网络的无处不在，使得社会主义核心价值观教育阵地由现实延伸到虚拟，并且现实与虚拟交互影响、相互作用。党的十八大以来，众多高校打造了形式丰富多样、效果显著的隐性教育平台。

（一）将社会主义核心价值观全面融入高校教育教学中，在潜移默化中发挥其引领和导向作用

是否认同和践行社会主义核心价值观决定了高校培养人才的政治底色、价值追求和使命担当，从某种意义上而言，它其实是一个铸魂工程。党的十八大以来，在党中央的要求和教育部政策的引导下，各高校无论是专业建设、课程改革，还是师资建设、评价体系构建，均围绕"培养什么样的人"这一社会主义大学的根本任务，落实社会主义核心价值观在人才培养中的实践要求。在专业建设中，遵循学生的认知和成才规律，充分挖掘专业的德育资源和德育要素，并将其有机融入专业技能培训之中。在课程改革方面，加强教学规律和教学对象的学理研究，在此基础上对相关课程的核心能力和德行目标进行教学转化研究，科学编制或修订课程标准，打造"课程思政"，将高校社会主义核心价值观教育的培养目标融入专业核心课程。一系列"组合拳"，实现了专业人才核心能力培养与思政课教学、思想政治日常工作、党的建设工作等的对接，从而形成社会主义核心价值观教育一体化合力。

[①] 王帅：《以五个"融入"为重点 加强高校培育和践行社会主义核心价值观长效机制建设》，载《思想理论教育导刊》2015年第1期，第121页。

(二) 改革创新传统的校园宣传平台

校刊校报、宣传栏、广播台是每个高校都有的传统宣传平台，在校园宣传教育中曾扮演着重要的角色。但随着互联网移动终端的迅猛发展，其在大学生中的影响力大幅减弱。要重现校园宣传平台往日的辉煌，甚至更出色地发挥它的作用，必须进行变革创新。党的十八大以来，不少高校在改革传统的校园宣传平台方面大胆创新并取得显著成效。如有高校以"四个更新"重塑全方位、立体化的校园宣传平台，这就很值得学习借鉴。"四个更新"即"更新装备，引进数码设备，提高节目制作能力，设立校园电视台，播放校园活动公益广告、风尚宣传片等；更新观念，大胆创新工作方法，摒弃一味的说教与灌输；更新模式，改变以往的单向传播模式，双向互动提高参与度、关注度；更新内容，把社会主义核心价值观融入学生喜闻乐见的活动中去，寓教于乐"①。

(三) 全力打造网络新媒体平台

在互联网时代，信息指数式增长，传播裂变式扩散。大学生逐步减少纸媒阅读，使用手机等电子设备获取信息的心理越来越强。网络自媒体的快捷性、交互性、平等性、趣味性、情感性、自主性，对社会主义核心价值观教育既是挑战，也是机遇。而其中个性化、碎片化的信息传播生态带来的更多的是挑战。党的十八大以来，众多高校或主动或被动地适应学生接受信息的新特点，遵循网络传播规律，积极调整应对策略，通过微博、微信公众号、微信群、QQ群等，真诚地参与到学生的学习、生活中，关注学生的所思所想，将弘扬国家主旋律、传播社会正能量等宏大叙事主题与学生个体的学习、生活诉求等小叙事紧密结合，构筑起社会主义核心价值观隐性教育和实践平台。如中国人民大学设计并成功开展多年的"读史读经典"项目，就是一个"集传统文化内容和互联网思维运作于一体的教育活动"。它将师生互动空间搬到线上，"广泛开展诸如沙龙、读书会、工作坊、读史达人评选、史学经典评鉴、话剧展演、观影会等多种形

---

① 冯国珍：《高校基层党组织培育践行社会主义核心价值观的方法和途径》，载《大学教育》2017年第7期，第163–164页。

式、兴趣导向的讨论类、竞技类、体验类等学生喜闻乐见的活动"；通过建立"RUC 史学经典研读社"官方微信公众号，"定期向学生们推荐国内外的优秀历史文化类著作和纪录片"。整个项目"在课程中心、活动平台、交流展示、媒体宣传等 4 个方面应用互联网思维，对于传播社会主义核心价值观有明显优势"。① "项目通过微人大课程中心、学务中心的建设，自媒体的沟通互动，微电影、微视频等创作，架设起联（连）接历史与现实的桥梁，以新颖生动的形式展现历史的光辉，弘扬当代社会主义核心价值观。"② 这类成功案例十分具有研究价值，也值得其他高校学习借鉴。事实上，很多高校都有主题鲜明、内容新颖、形式活泼的弘扬主旋律、传递社会主义核心价值观正能量的微信公众平台和项目在运作，如北京大学的红旗在线网、中国青年政治学院官方微信、广东工贸职业技术学院官方微信等，真正实现了宣传教育与多向互动的统一。这也是高校社会主义核心价值观教育的必然趋势和发展方向。

三、成功实施社会主义核心价值观教育"三渐进"系统工程

价值观自身的特点、规律决定其培育、践行必然是一个长期渐进的过程，高校社会主义核心价值观教育自然也是一个全过程、全方位、全口径的复杂系统工程。全员化、全过程、全方位才能取得实效。而且这个系统工程不是单程行动，根据大学生个体价值观的形成规律，须经过认同、行动、传播三个渐进阶段。在大学生社会主义核心价值观教育方面取得突出成就的高校，正是把握了价值观形成的规律，成功地实施了"三渐进"系统工程。

人的价值观在认同、行动、传播三个阶段的表现形式不同，应该实施的教育教学方式方法也不同。成就突出的高校不仅在理论上深入地进行研讨，更注重在实践方面不断地尝试和创新。大学生社会主义核心价值观教育是由外而内认同、由内而外践行、由外而内信仰、由内而外传播的不断

---

① 宋大我、金添：《互联网思维下高校社会主义核心价值观培育的案例研究》，载《思想教育研究》2018 年第 4 期，第 138、139 页。

② 宋大我、金添：《互联网思维下高校社会主义核心价值观培育的案例研究》，载《思想教育研究》2018 年第 4 期，第 139 页。

深化、无限反复的系统过程。认同是起点和前提，践行是关键和核心，信仰是归宿，也是传播和带动的基础，它们相互联系、相互影响和作用。

（一）促进认同的教育教学方式丰富多样

认同的前提是认知，即要求学生在理论上把握社会主义核心价值观的基本内容、深刻内涵、精神实质和鲜明特征，认清社会主义核心价值观培育与中华优秀传统文化传承之间的关系，掌握社会主义核心价值观教育的重大意义和本质要求，等等。这些理论上的认知是大学生认同社会主义核心价值观的重要思想基础和逻辑铺垫。在促进理论认知和情感认同的教育教学方式中，创新案例非常多。首先，各高校都非常清楚地将思政课定位为促进大学生认知、认同社会主义核心价值观的主阵地、主渠道。无论是在"思想道德修养与法律基础"课还是在"毛泽东思想和中国特色社会主义理论体系概论"课中，都有专门的章节。2018年新版的《思想道德修养与法律基础》教材专设第四章"践行社会主义核心价值观"，正回应了一线教师对引导学生认同社会主义核心价值观的理论教学诉求。兰州交通大学马克思主义学院对社会主义核心价值观融入"思想道德修养与法律基础"课做了持续的探索与实践。"把握教学核心、教学重点以及基本点与社会主义核心价值观的逻辑契合，使社会主义核心价值观的丰富内涵恰如其分、生动鲜活地融合到'基础'课各章节教学中，让学生真正领略它的思想精髓，使其变为'彻底的理论'。"① 南京信息职业技术学院也在思政课教学体系中，将社会主义核心价值观教育内容进行信息化教学设计，"依托在线学习平台，将课程教学活动分为课前自学、课堂教学和课后研学三个阶段，依次完成'识、导、评、辩、析、行'6个环节"②。云南大学则将"叙事"运用于引导大学生认同社会主义核心价值观的教育过程，既注重从中华优秀传统文化中汲取营养，挖掘"红色资源"，又充分关注现实生活中火热的"叙事"素材，不断创新引导学生从思想上

---

① 邵璀菊：《社会主义核心价值观融入"基础"课教学探析》，载《思想政治教育研究》2017年第2期，第57页。
② 蔡坚：《"培育和践行社会主义核心价值观"信息化教学设计探讨》，载《湖北函授大学学报》2017年第22期，第122页。

认同社会主义核心价值观的话语方式。① 其次,举办讲座和报告会、创建论坛也是高校促进大学生对社会主义核心价值观理论认知和情感认同的重要方式。例如:由中宣部指导,光明日报社、中国人民大学和中国伦理学会共同主办的"核心价值观百场讲坛"已举办百场宣讲,成为社会主义核心价值观建设的重要品牌;北京大学、清华大学、武汉大学则利用专家、大家、名家云集的优势,经常开展以社会主义核心价值观为主题的学术讲座和学习交流会,增强大学生对社会主义核心价值观的理论认知和情感认同,坚定大学生的价值观自信;内蒙古工业大学则多年坚持开展"榜样的力量"优秀学生先进事迹巡讲报告会,用活生生的人给大学生践行社会主义核心价值观树立可视、可学、可比对的榜样。再次,一些高校通过校园文化活动这种适应青年学子年龄特点、备受他们喜爱的方式,促进社会主义核心价值观的理论认知和情感认同。例如,上海商学院通过重读经典、高雅艺术进校园、建造中国商业文化博物馆等形式,将优秀的传统文化送入校园、送给师生。众多高校还有一项重要的经验性做法,即利用节庆日和纪念日,举行以社会主义核心价值观为内涵的庆典和纪念活动,宣传主旋律,弘扬正能量。

(二) 促进行动的实践方式不断创新

思想上的认同是为了行动。知易行难,社会主义核心价值观教育的最终落脚点还是在"行"字上。党的十八大以来,高校积极探索大学生践行社会主义核心价值观的有效对策,积累了很多典型做法与创新案例,依托思政课社会实践、社团活动、校园文化等不同载体全方位嵌入引导,建立大学生践行社会主义核心价值观的长效机制。以社会主义核心价值观为主题的创新创业、爱心公益、志愿活动在众多高校开展。例如,武汉大学有40多支志愿服务队,大学生在日常的志愿服务活动中,用行动诠释着社会主义核心价值观的内涵。此外,以社会主义核心价值观教育为主题的微电影摄制活动、摄影活动、情景剧表演比赛等,在很多院校受到师生的追捧。例如,西安美术学院设计开展了"弘扬社会主义核心价值观·传

---

① 李兵、朱敏:《"叙事"在培育和践行社会主义核心价值观中的应用》,载《社会主义核心价值观研究》2018年第1期,第62-67页。

承中华优秀传统文化"海报、插画设计及摄影大赛。① 其他艺术类院校和专业也有很多大学生用书法、音乐、舞蹈等自己擅长的方式学习和践行社会主义核心价值观。再如,新疆大学的"三进两联一交友"系列活动的成功开展,为少数民族地区高校学生社会主义核心价值观教育提供了一种示范性路径。"三进两联一交友"系列活动,在大学校园里营造了民主、文明、和谐的良好氛围,加强了师生、生生、家校之间自由、平等、友善的交往互动,培养了大学生爱国、守法、敬业、诚信的价值理念。再如,本课题项目组所在的广东工贸职业技术学院开展的"工贸大学生践行社会主义核心价值观微电影摄制比赛"颇受学生欢迎。学生以10人左右的小组为单位,分工合作,从24字社会主义核心价值观中选择某一项内容,如爱国、诚信、敬业等,围绕选定的内容,紧扣主题进行编剧、表演、拍摄、剪辑,最后制作成6分钟左右的微电影参赛。活动中涌现出不少主题鲜明突出、情节紧凑生动、表演真诚到位、富有正能量的好作品,既展示了新时代学子践行社会主义核心价值观的青春风采,更通过活动坚定了大学生的价值观自信。

(三)促进传播和带动的广度、深度持续拓展

高校通过传统媒体和新媒体等多种途径和手段,将本校社会主义核心价值观教育的理论研究和实践探索成果进行宣传和展示,带动和引导学校所在区域加强和改进思想政治工作和意识形态工作。可以说,每一所高校都是其所在社区和城市社会主义核心价值观教育的理论研究中心和实践引领者。这其实也是高校社会服务的题中之义。大学生作为未来社会的生力军和时代的"晴雨表",不是自己认同和践行好社会主义核心价值观就行了,还需要带动所在校园更多的同学、所在社区的广大群众来认同和践行社会主义核心价值观,发挥先进和主流价值观的先行者、传播者的作用。社会公益、支教助学、志愿活动、精准扶贫、勤工俭学都起了这方面的作用,"三下乡"更远、更广、更深入地发挥了大学生作为社会主义核心价值观先行者的带动和传播力量。广大师生也在服务他人和社会中加深了对社会主义核心价值观的思想认同、情感认同和行为认同,从而实现了社会

---

① 张绪光:《大学生学习践行社会主义核心价值观案例探析——以艺术类高校设计专业团学活动为例》,载《新西部》2018年第18期,第152-153页。

主义核心价值观教育的良性循环和正向发展。例如，北京大学、清华大学等众多高校都会定期组织大学生社会实践团队，利用寒暑假时间，奔赴全国各地，或为当地基础教育和生态文明建设出一分力，或深入调研农村基层党建和"三农"问题，或运用所学专业为地方产业发展献计献策，等等，不断创新大学生践行社会主义核心价值观的路径和方式，极好地发挥了先进和主流价值观先行者、传播者的强大辐射作用。

四、细化实施并不断更新、完善社会主义核心价值观教育测评指标体系和规章制度

建立和实施评估体系才能保证长效性和常态化。高校要检测大学生对社会主义核心价值观的认同情况，要评估大学生践行社会主义核心价值观的程度，要检测社会主义核心价值观教育的实效性和针对性，要改革创新社会主义核心价值观教育教学的方式方法，都应该有评估指标体系和评价机制体制。取得较好成就的高校基本上都有社会主义核心价值观教育和践行方面的一些评价指标体系或机制体制。评价指标体系主要包括如下两方面。

（一）认同与践行要素评价指标

例如，有的高校建立了大学生诚信档案和评价表，以及奖惩体制。通过诚信档案和操作性强的评价指标和奖惩方法，有效指导和规范学生的行为，使之在日常学习、生活中逐步养成忠诚、诚信、有担当的品质。有的高校将社会主义核心价值观的践行情况纳入各类奖学金评选、荣誉称号评选的条件中。很多高校在学生见习、实习中，既考核专业技能的提升情况，更考核包括践行社会主义核心价值观在内的思想政治素质和职业素养。在每日要填的实习手册中，无论是实习内容、实习总结、自我评价还是实习单位意见，都包括思想政治素质、职业素养方面的要求。以上种种要素评价体系都着眼于将个人自律与组织监督相结合，突出德育考核对社会主义核心价值观教育的引导、带动、规范作用。

（二）教育方式方法评价指标

要把社会主义核心价值观教育工作做细、做深、做实、做真，必须采取理性科学、扎实可行、行之有效的教育教学方式方法。怎样的方式方法是科学有效的，诚然需要教育工作者个人的摸索尝试，但如果有科学规范的评价指标体系指引和带动，会取得事半功倍的效果。在教育教学方式方法评价指标体系的指引、带动下，教育工作者首先做到了规范、科学，在此基础上与时俱进、变革创新，社会主义核心价值观教育工作方能高效推进。各高校教务部门或教学质量监控部门制定的教学质量评价表，都紧紧围绕我国高等教育培养社会主义事业建设者和接班人的重大任务，坚持以德为先、立德树人，将坚持正确的政治方向放在教育教学评价的首位，将提高学生的思想水平、政治觉悟、道德品质、文化素养作为根本。

以上两大指标体系的建立及实施是层层递进的。首先要进行的是理论的深度挖掘，这着眼的是思想认同层面；其次是主体力量的全面动员，这着力于践行层面；再次是制度建设的融入贯穿以及方式方法的创新建构，这着眼的当然是方式方法及过程效果层面。① 评价指标体系在设计时应该分层考量、分步实施，同时要统筹规划、互相兼顾。

总之，党的十八大以来，各高校在社会主义核心价值观教育实践活动中取得了巨大的成就，积累了丰富的经验。新时代高校思想政治工作和社会主义核心价值观教育，应将这些丰富的经验系统化，将这些成功的做法制度化，将这些运行方法程序化，形成高校间可以互相学习、借鉴、推广的社会主义核心价值观教育的制度体系和长效机制。

---

① 沈壮海：《社会主义核心价值观培育和践行的着力点》，载《思想政治工作研究》2012年第12期，第17－18页。

参考文献：

[1] 习近平. 习近平谈治国理政：第2卷［M］. 北京：外文出版社，2017.

[2] 王帅. 以五个"融入"为重点 加强高校培育和践行社会主义核心价值观长效机制建设［J］. 思想理论教育导刊，2015（1）：121-123.

[3] 冯国珍. 高校基层党组织培育践行社会主义核心价值观的方法和途径［J］. 大学教育，2017（7）：161-164.

[4] 宋大我，金添. 互联网思维下高校社会主义核心价值观培育的案例研究［J］. 思想教育研究，2018（4）：138-140.

[5] 邵璀菊. 社会主义核心价值观融入"基础"课教学探析［J］. 思想政治教育研究，2017（2）：56-59.

[6] 蔡坚. "培育和践行社会主义核心价值观"信息化教学设计探讨［J］. 湖北函授大学学报，2017（22）：122-124.

[7] 李兵，朱敏. "叙事"在培育和践行社会主义核心价值观中的应用［J］. 社会主义核心价值观研究，2018（1）：62-67.

[8] 张绪光. 大学生学习践行社会主义核心价值观案例探析：以艺术类高校设计专业团学活动为例［J］. 新西部，2018（18）：152-153.

[9] 沈壮海. 社会主义核心价值观培育和践行的着力点［J］. 思想政治工作研究，2012（12）：17-19.

【理 论】 党的十八大以来高校社会主义核心价值观研究知识图谱分析

内容提要：自2012年党的十八大提出社会主义核心价值观以来，高校社会主义核心价值观教育一直是研究的重点领域。新时代面对社会主要矛盾变化和强劲主旋律的更高起点，如何在以往研究的基础上继续深入推进大学生认同并践行社会主义核心价值观依然是高校思想政治教育的重要任务。本文运用 CiteSpace 软件对党的十八大以来这一领域的研究成果（7576篇文献）进行科学知识图谱可视化分析，把握研究热点和演进路径，希冀为新时代高校社会主义核心价值观创新研究提供科学的数据和保障。

自2012年党的十八大明确提出社会主义核心价值观以来，习近平总书记对青年大学生践行社会主义核心价值观寄予了殷切的期望。2014年5月4日，习近平总书记在北京大学参加师生座谈会时强调，"青年的价值取向决定了未来整个社会的价值取向，而青年又处在价值观形成和确立的时期，抓好这一时期的价值观养成十分重要"[①]。大学生是青年中的佼佼者，更要走在时代前列，积极践行社会主义核心价值观，高校要发挥社会主义核心价值观教育的主阵地作用。面对我国在不同领域取得的新成就和出现的新特点，在习近平新时代中国特色社会主义思想的引领下，党和国家对高校青年社会主义核心价值观教育提出了新的历史使命并做出重要部署。党的十九大报告指出，"社会主义核心价值观是当代中国精神的集中体现，凝结着全体人民共同的价值追求"。作为践行社会主义核心价值观的青年代表，大学生要同社会和国家所倡导的价值导向和价值追求不断趋同，在实践中实现个人价值理想与社会、国家价值要求相统一。基于上述研究背景，本文采用文献计量法对党的十八大以来高校社会主义核心价值

---

① 习近平：《习近平谈治国理政》第1卷，外文出版社2018年版，第172页。

观研究文献进行可视化分析,把握该领域的研究热点和发展趋势,为接下来进一步的研究和实践提供参考。

一、CiteSpace 研究方法

(一)数据来源

CiteSpace 是一款应用于科学文献中识别并显示科学发展新趋势和新动态的软件,是美国德雷克塞尔大学信息科学与技术学院教授、大连理工大学特聘教授陈超美开发的,本文采用 CiteSpace 5.3.R4 版本。研究数据均来源于中国知网期刊数据库,在高级检索中对 2012 年党的十八大以来的期刊进行检索,检索篇名为"高校社会主义核心价值观"或者"大学生社会主义核心价值观",检索到 7682 篇文献,共含有 7576 篇有效引文。按照 Refworks 格式导出,进行转码,形成研究数据库,运用 CiteSpace 软件构建共被引网络,并进行数据提取和分析。

(二)研究内容

研究热点:应用 CiteSpace 软件进行名词性术语(term)与关键词(keyword)的高词频分析,通过数据排序可以找到研究领域的热点词汇。

聚焦领域:关键词聚类(clusters)分析,展现研究领域的知识结构,将繁杂的数据进行简化和聚类,形成研究领域的聚类图谱。

研究前沿:进行文献突变(citation burst history)分析,对数据进行关键词引用突变统计,厘清研究成果的发展脉络,知悉该领域的研究演变路径。

前沿演进:进行时间线视图(time-line view)分析,研究热点领域(即各聚类)发展演变的时间跨度和研究前沿进程。

通过以上几个方面的科学知识图谱的可视化分析,更直观地展现党的十八大以来社会主义核心价值观研究的热点领域和演进路径。

二、研究结果与分析

（一）研究热点：高频关键词分析

研究热点主要通过高频关键词排序显现出来，高频关键词即在研究成果中出现频次较高的关键词。通过 CiteSpace 软件生成"高校社会主义核心价值观"的名词性术语与关键词共现网络图谱如图1所示。高频词分析是从微观的视角更加直观地进行解读，从图1中可以看出，关键词可视化网络图谱整体分布非常舒展和清晰，字号越大说明出现的频次越高，主题中心性越强。从图谱中可见，党的十八大以来高校在社会主义核心价值观领域的主要研究热点词汇有"社会主义核心价值观""大学生""核心价值观""高校""培育""思想政治教育""路径""新媒体""践行""教育""社会主义核心价值观教育""社会主义""认同""对策""校园文化"等。

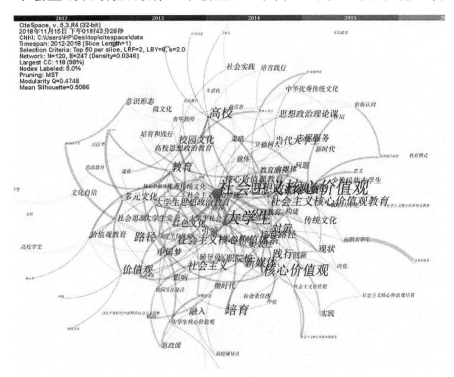

图1　高频关键词共现网络图谱

（二）研究领域：高频关键词聚类分析

CiteSpace 关键词聚类功能是以具有明显特征的主题词与关键词作为聚类对象，从而找到研究领域内多年存在的热门词语，形成关键词聚类分析视图（如图 2 所示）。从图 2 中可以看出，网络的模块度（modularity）为 0.4748，满足大于 0.3 的条件，说明划分出来的聚类结构是明显有效的；平均轮廓值（mean silhouette）为 0.5086，说明聚类的结果是具有高信度的。Q（模块度）＞0.3 认为是可信服的，S（轮廓值）＞0.5 认为聚类是合理的。从图 2 中可以看出，共形成 8 个关键词聚类，聚类标签前的数字越小，说明该聚类的节点数量越多，该聚类中所含有的文献数量越大，研究越集中，热度越高。

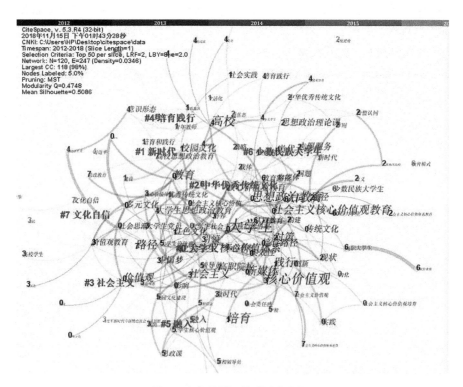

图 2　高频关键词聚类分析视图

聚类#0"大学生"包含"内化""培育路径""创新""思想政治教育""社会思潮""路径分析""社会责任感""培育践行""自媒体""教育生活化""社会实践"等关键词。研究聚焦于高校社会主义核心价值观研究主体大学生,主要是针对社会主义核心价值观的内化、培育路径、创新、实践等问题,全方位覆盖大学生社会主义核心价值观教育,在多元文化视域下加强对大学生核心价值观培养,发挥高校社会主义核心价值观教育主阵地作用。

聚类#1"新时代"包含"微文化""自媒体""生活化""微信""社会实践""新常态""长效机制""多元文化""主流意识形态""优秀传统文化""立德树人""文化自信""红色文化"等关键词。这一聚类聚焦于社会主义核心价值观研究的时代背景。党的十九大报告明确指出:"中国特色社会主义进入了新时代,这是我国发展新的历史方位。"在新时代面对社会矛盾变化和信息大爆炸、价值观多元化的挑战,加强大学生价值观自信尤为重要。要利用新时代信息技术产物对大学生进行主流意识形态教育,强化主旋律,明晰大学生新时代所肩负的责任和使命。

聚类#2"中华优秀传统文化"包含"文化建设""思政课""价值多元化""德心共育""教育创新""中华优秀传统文化教育""文化育人""地域文化""爱国主义教育""民族精神"等关键词。这一聚类主要集中研究社会主义核心价值观的历史底蕴和重要来源。习近平总书记指出:"一个民族、一个国家的核心价值观必须同这个民族、这个国家的历史文化相契合。"① 大学生社会主义核心价值观教育要立足于中华优秀传统文化,以文化人、以文育人,纵观历史,不忘初心,开辟未来。

聚类#3"社会主义"包含"习近平新时代中国特色社会主义思想""中国梦""信念""历史经验""地区红色文化资源""社会主义核心""国防教育""当代中国精神""灌输理论""民族复兴大任""高等教育""中国特色社会主义"等关键词。这一聚类主要研究社会主义核心价值观的现实基础,中国特色社会主义是历史的选择,是社会主义核心价值观的实践根据,结合新中国成立 70 周年以来中国特色社会主义道路探索和发展历程对一代代青年群体进行价值观教育,并深深地扎根于中国特色社会主义建设的实践中。

---

① 习近平:《青年要自觉践行社会主义核心价值观——在北京大学师生座谈会上的讲话》,载《人民日报》2014 年 5 月 5 日第 2 版。

聚类#4 "培育践行"包含"长效机制""意识形态""知荣明耻""实用主义""培育路径""校园文化""认同""教学资源""中华民族伟大复兴""社会教育""家庭教育""知行合一"等关键词。这一聚类侧重于社会主义核心价值观的实践养成机制的研究，将大学生社会主义核心价值观教育落地生根，实现家、校、社会相互联动，建立健全大学生社会主义核心价值观养成教育的长效机制。

聚类#5 "融入"包含"高等教育""理想信念""思政课""校园文化建设""大学生网络思想政治教育""就业""民族教育""创新实践""红色文化教育""责任意识""理性爱国""法治""文化自信"等关键词。这一聚类聚焦于社会主义核心价值观融合路径研究，将社会主义核心价值观的影响力融入高校学生的方方面面，从网络到现实，从课堂到实践，从校园到社会，从不同维度将社会主义核心价值观融入大学生日常的学习、生活中，使之成为常态化的发展趋势，在潜移默化中转化为自身的人生价值准则。

聚类#6 "少数民族大学生"包含"教育模式""文化价值观""教育路径""认同教育""马克思主义""宗教信仰""国家意识""思想政治理论""民族院校校训""多元文化"等关键词。这一聚类聚焦于少数民族大学生社会主义核心价值观教育。少数民族大学生是少数民族青年中的主要传播和践行力量，将对少数民族地区社会主义核心价值观认同程度产生深远的影响。少数民族大学对社会主义核心价值观认同状况的调查显示，受到民族文化、宗教信仰等的影响，社会主义核心价值观在少数民族地区的认同和践行相对薄弱，因此，要发挥思政课主渠道作用，在认同上下功夫，并结合少数民族地区文化特点加强社会主义核心价值观教育。

聚类#7 "文化自信"包含"文化自觉""文化心理""榜样教育""理论自信""制度自信""荣辱观""马克思主义意识形态""重要阵地""道路自信""红色资源""自由全面发展"等关键词。这一聚类聚焦于新时代文化自信视域下高校社会主义核心价值观研究，文化自信居于"四个自信"中的基础性地位，用社会主义核心价值观培养大学生的文化自信，以高度的文化自信推动大学生实地践行社会主义核心价值观。

（三）研究前沿：关键词引用突变分析

CiteSpace 软件中的突变检测功能形成的视图（图 3）显示了研究对

象在设定时间中的演进过程和变化发展,可以判断研究领域的前沿演进。图 3 展示了 2012—2018 年排在前 20 位的突现关键词。从 2012 年至 2013 年,突变词是"社会主义核心价值体系""社会主义核心价值观""价值观",这一阶段的研究前沿集中于对新提出的社会主义核心价值观内涵及其与社会主义核心价值体系之间的辩证统一关系的研究。从 2014 年到 2016 年,突变词是"校园文化""大学生""培育和践行",这一阶段的研究前沿集中于社会主义核心价值观在高校的培育和践行。从 2016 年到 2018 年,突变词是"立德树人",研究前沿立足于新时代背景下践行社会主义核心价值观的重要维度。

Top 20 Keywords with the Strongest Citation Bursts

Keywords	Year	Strength	Begin	End	2012 — 2018
构建	2012	7.527	2012	2015	
价值观	2012	3.0144	2012	2013	
社会主义核心价值	2012	3.38	2012	2013	
价值观教育	2012	8.2599	2012	2013	
多元文化	2012	5.6029	2012	2014	
社会主义核心价值体系	2012	62.8705	2012	2014	
核心价值体系	2012	6.265	2012	2013	
价值认同	2012	3.1976	2013	2014	
校园文化建设	2012	4.5592	2013	2014	
大学生价值观	2012	6.5879	2013	2014	
高职大学生	2012	4.1227	2013	2015	
社会主义价值观	2012	5.5734	2013	2014	
大学生核心价值观	2012	9.1257	2013	2014	
策略	2012	4.4228	2014	2015	
培育和践行	2012	6.27	2015	2016	
载体	2012	4.5033	2015	2016	
培育践行	2012	5.8772	2015	2016	
实践	2012	2.4914	2015	2016	
立德树人	2012	4.5426	2016	2018	
大学生社会主义核心价值观	2012	5.7588	2016	2018	

图 3 关键词引用突变视图(前 20)

（四）前沿演进路径：时间线视图分析

在生成聚类图谱的基础上，按照时间片段生成前沿关键词时间线分析视图（如图4所示），可以清晰直观地看到自2012年以来研究热点领域（即各聚类）发展演变的时间跨度和研究前沿进程，更精准、更详细地呈现出研究热点中的核心领域，为我们了解各个热点领域在时间线内的演进路径和发展趋势提供了准确的参考。将2012—2018年分为三个阶段来进行分析：从2012年至2013年是基础研究阶段，该阶段积累了一批聚焦于高校社会主义核心价值观研究的理论基础、培育路径、认同机制等研究成果；从2014年到2016年是深入研究阶段，该阶段的成果颇多，在前期的基础上展开探索和实践，围绕社会主义核心价值观的载体、策略、认同、践行、常态化、长效机制等进行充分的研究；从2016年到2018年是新时期研究阶段，此阶段"习近平新时代中国特色社会主义思想""新时代""文化自信"等在高校社会主义核心价值观的研究中备受关注。

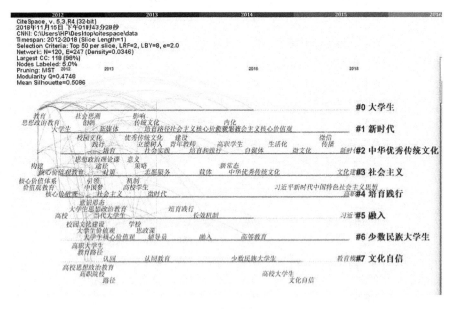

图4 时间线视图

三、研究展望

新时代开启了实现中华民族伟大复兴的新征程。要实现中华民族伟大复兴,实现青年大学生对社会主义核心价值观的高度认同与践行,需要深入分析社会主义核心价值观的新时代境遇,不断赋予其新的时代内涵和使命,保持其生命力。大学生是祖国的未来,进入新时代,我们比历史上任何时期都更加接近中华民族伟大复兴的目标,因此,高校作为社会主义核心价值观教育主阵地,更应肩负起历史重任,在党的十八大以来对高校社会主义核心价值观教育的时代背景、现实基础、历史底蕴、实践养成机制、践行路径等方面的研究成果的基础上,加强对大学生的思想引领,更广泛地开展社会主义核心价值观教育,使其焕发出强大的生命力,成为大学生内在的精神追求,引领大学生朝着国家精神追求的方向发展,成为实现中华民族伟大复兴的中坚力量。

(一)新时代强劲主旋律,占领意识形态主阵地

社会主义核心价值观体现了社会主义意识形态的本质要求,进一步加强了对大学生的意识形态安全教育,是引领青年把握时代大格局,站稳政治立场,坚定"四个自信",坚持中国道路,实现民族伟大复兴的精神纽带。高校思政课教师是大学德育的主体,首先要加强对大学生马克思主义理论以及马克思主义中国化理论的深层解读,研读马克思主义经典著作,领悟马克思主义真理力量,让大学生"有理",如此才能"讲理",学会运用马克思主义观点和方法看待问题、解决问题。

(二)推动中华优秀传统文化创新发展,增强历史底蕴,坚定文化自信

社会主义核心价值观的培育和践行必须立足于中华优秀传统文化,在研究两者相互融合的基础上,更要体现鲜明的新时代特色。汲取中华传统文化的优秀内容,挖掘其具有时代价值的文化观念,为社会主义核心价值观的现代性生长提供文化滋养。高校要创新继承和弘扬中华优秀传统文化的方式方法,引导大学生回顾历史,立足现实,把握历史与现实双重维度

之间的辩证关系。追本溯源，深入理解五千年文明历史，探索历史发展规律和优秀传统文化孕育进程，从认知和情感上认同中华优秀传统文化的魅力和价值，打牢自身的历史文化基础。在新时代条件下，结合时代特征和要求进行现代解读，注重继承、弘扬和发展中华优秀传统文化，实现创造性转化和创新性发展，使之在新时代继续影响我们的思想、行为方式，成为人们崇德向善、积极向上的思想指引和行动指南，努力使之成为增强新时代文化自信的基础性力量。

（三）拓展培育践行路径，深化知行合一，实现内化与外化

高校培育和践行社会主义核心价值观的关键在于实现大学生对社会主义核心价值观的认知认同、情感认同、行为认同，达成知行合一，做到内化于心、外化于行。今天，在经济全球化、文化多样化、社会信息化等复杂的国际国内背景下，大学生要勤学修身、明辨是非，积极践行社会主义核心价值观，勇担时代重任。高校要在培育践行路径的实践形式上下功夫，使其更加多样化、多元化，深入细致，符合时代发展要求，满足大学生的精神诉求。例如，以学生喜闻乐见的方式开展社会主义核心价值观微视频拍摄实践活动中，外语学院学生将爱国主义教育与专业学习和未来发展方向相结合，以"爱国高于一切"作为拍摄主题，主要讲述面对保守国家机密和物质财富诱惑的选择时，毅然决然地维护国家利益的故事，视频形式新颖、注重内涵、大胆创新，令人耳目一新。大学生应具备的品行修养、明辨是非等方面的要求通过编剧、拍摄、剪辑、制作等环节潜移默化地融入其中，深入领会如何从自身做起，践行社会主义核心价值观，在大是大非面前坚持正确的立场观点，做新时代合格的建设者和接班人。

（四）统筹规划，全员育人，形成全方位培育和践行机制

高校在大学生价值观塑造的关键时期，要下功夫加大力度，引领大学生健康成长，走好步入社会的第一步。汇聚高校各方力量，形成践行社会主义核心价值观常态化发展，实现全员、全方位培育和践行机制。学校党委及相关部门加大对思政课的支持力度，健全保障机制，发挥思政课教师的关键作用，同时加强课程思政建设，将大学生的德育融入专业课学习和建设中，实现思政课程与课程思政的交互融合。大学生的价值取向影响着

未来整个社会的价值取向，对大学生的价值观教育不能脱离社会发展，要将个人价值观理念推行到社会中，使个人前途与国家命运紧密相连，引领社会风气，弘扬社会主旋律，始终走在时代前列，为实现中华民族伟大复兴的中国梦贡献自己的青春力量。

参考文献:

[1] 习近平. 习近平谈治国理政:第1卷 [M]. 北京:外文出版社,2018.

[2] 董春胜,邓雨巍. 信息社会背景下90后大学生社会主义核心价值观的培育 [J]. 黑龙江教育(理论与实践),2015 (4):35-36.

[3] CHEN C. CiteSpace Ⅱ: Detecting and visualizing emerging trends and transient patterns in scientific literature [J]. Journal of the American society for information science and technology,2006,57 (3):359-377.

[4] 王桂琴,方奕,易明. 近五年我国青少年研究的前沿演进与热点领域:基于CiteSpace研究文献的可视化分析 [J]. 中国青年研究,2017 (12):90-95.

[5] 陈宪章,吴纪龙. 民族院校少数民族大学生社会主义核心价值观认同状况研究 [J]. 北方民族大学学报(哲学社会科学版),2016 (4):74-77.

[6] 陶韶菁,张婷婷. 新时代大学生社会主义核心价值观认同路径探析 [J]. 华南理工大学学报(社会科学版),2018 (2):97-103.

[7] 习近平. 青年要自觉践行社会主义核心价值观:在北京大学师生座谈会上的讲话 [N]. 人民日报,2014-05-05 (2).

第二编 守正与创新

回溯 社会主义核心价值体系对当年大学生的影响力

内容提要：2010年前后几年，社会主义核心价值体系对当时大学生有着较强的影响力。大学生对社会主义核心价值体系的四方面内容有较好的理解与把握。与此同时，存在的问题主要是：思想上高度认同而行为上只有中度践行。缩小思想引领与行为养成之间的距离是当时高校社会主义核心价值体系教育的重点。教育效果非常显著，为之后的高校社会主义核心价值观教育工作奠定了强有力的思想和价值观基础。

大学生是寄托了民族振兴、国家富强希望的青年群体，社会主义核心价值体系对其影响力有多大，他们认同与践行社会主义核心价值体系情况到底如何，备受社会关注。社会主义核心价值体系建设过程中可能产生的一些问题在这个群体身上也总是有着最鲜明的显现。通过实证调研面对这些问题，并探索对存在问题的应对思路与策略，无疑是重要的。

党的十七大报告指出，要"切实把社会主义核心价值体系融入国民教育和精神文明建设全过程，转化为人民的自觉追求"。所以，开展社会主义核心价值体系教育是当时我国高校学生思想政治教育的核心任务。中宣部、教育部也明确要求各院校把社会主义核心价值体系融入学生思想政治教育的全过程，引领大学生认同、践行社会主义核心价值体系。作为教育实施者，只有对受教育者的思想脉络和价值取向有深入的了解和科学的认识，才谈得上引领，教育的有效性和针对性才能进一步加强。

一、思路展开

当时的数据调查研究立足于三所本科院校和三所高职院校2007级、2008级、2009级学生，通过问卷、小型座谈会、个案访谈等多种方法，期望寻求一个新视角，即调查研究与方案实施对接：深入调查分析大学生群体对社会主义核心价值体系的理解、认可程度及践行情况，揭示大学生主流价值观的特点，发现其中的问题。在此基础上，探索在思政课教学、社会实践、社团工作、校园文化建设等方面如何全方位引导大学生认同、践行社会主义核心价值体系，为进一步加强和改进高校学生思想政治教育工作提供新思路。

二、实证分析

2009—2010 年，课题组分三个学期，在广东省内选择了三所高职院校、三所本科院校，以逾千份问卷、三次座谈会和近百个个案访谈，就社会主义核心价值体系对当时大学生群体的影响力实施连续、动态的测查。

（一）关于社会主义核心价值体系的总体情况

（1）社会主义核心价值体系的概念和内涵。调查中，99.1%的大学生知道"社会主义核心价值体系"这个概念，89.6%的大学生了解社会主义核心价值体系的四项基本内容。了解的途径主要有杂志、报纸、电视、网络、学校课程等，但最主要的途径还是学校思政课，占 73.5%。对社会主义核心价值体系的四项内容，93%的大学生认为其是目前全体国民应该坚持与追求的。这说明一部分大学生虽然并不能高瞻远瞩地认识社会主义核心价值体系提出的历史必然性与现实必要性，但基于一种朴素的政治认识与价值追求，依然高度认同社会主义核心价值体系的四方面内容，这恰恰也是当时社会主义核心价值体系能否在全社会发挥引领作用最重要的社会心理基础。因为只有最大多数的普通国民认同的价值取向才是一个国家真正的事实上的核心价值观，才有可能发挥引领和凝聚功能。

（2）社会主义核心价值体系的提出及建设。84.8%的大学生认为党的十六届六中全会决议提出建立社会主义核心价值体系十分有必要和及时，认为"可有可无""完全没有必要"的学生极少。对于当时我国社会主义核心价值体系的建设状况，62%的大学生认为"刚刚开始，很不完善"，但同样有44.9%的大学生认为"比较完善"。差异主要在于内容的侧重点、观察的角度不同等。在访谈中，相当一部分学生认为，在马克思主义指导地位、民族精神和时代精神方面，国民践行得比较好，但中国特色社会主义共同理想信念、社会主义荣辱观等一些方面还需假以时日，而且建设的效度还需加强。对于自身践行社会主义核心价值体系的情况,大学生有着清楚而客观的认识:87.1%的大学生承认自身还在完善中,还有很多方面没有做到或没有完全做到,其中很多是在道理上懂得并认同,但在现实生活中很难做到。只有21.7%的学生认为自己在学习、工作和生活中主动践行了社会主义核心价值体系的四方面内容。

(二) 关于马克思主义的指导地位

(1) 肯定马克思主义的科学性和恒久性。79.3%的大学生坚定地认为,马克思主义没有过时,而且没有过时的原因并不是马克思的个人魅力,而是马克思主义的社会影响力、科学性、实践性。正是由于对马克思主义科学性和实践性的高度认同,大学生虽然并不一定对马克思主义的一些经典原著知之颇多,但对一些经典篇章如《共产党宣言》《资本论》等并不陌生,对马克思主义在中国丰富与发展的成果如毛泽东思想、邓小平理论、"三个代表"重要思想、科学发展观等理论精髓有着很好的把握。

(2) 肯定马克思主义的现实性和价值性。非常令人欣喜的是,89.8%的大学生认为马列主义及其中国化的一系列思想让自己在实际学习、生活和工作中受益,还有33%的学生认为自己"受益颇多"。同时,大学生从媒体、生活接触中,也充分肯定马克思主义对中国普通老百姓的生活有着直接或间接的影响。正是基于马克思主义对自身、对普通公众的影响和价值及其在中国革命和建设事业中的指导地位,81%的大学生认为很有必要将马克思主义理论与中国现实结合起来进行研究、丰富和发展,并用来指导中国建设实践。

(三) 关于中国特色社会主义共同理想信念

中国特色社会主义共同理想信念是社会主义核心价值体系的主题。这个共同理想,就是在中国共产党的领导下,走中国特色社会主义道路,实现中华民族的伟大复兴。大学生群体基于对社会发展规律的正确认识,有着坚定的社会主义共同理想信念。

(1) 高度认同中国特色社会主义道路。经历过2008年、2009年国际、国内一系列大事的考验,中国依然顽强挺立,而且竞争力有所增强,坚定了当时包括大学生在内的全体国民走中国特色社会主义道路的信心和决心。92.2%的大学生赞同中国特色社会主义道路,认为正是这条正确的道路使得金融危机肆虐全球时,中国仍岿然屹立,保持了一个负责任大国的形象,赢得了世界的赞誉。

(2) 坚信中华民族伟大复兴一定能实现。93.5%的大学生相信"中华民族的伟大复兴一定能实现"。这种认识并不是盲目的,而是基于两个方面:一是他们对世情、国情、省情的长期关注和了解。93.9%的大学生经常通过各种渠道(电视、报刊、网络等)了解或关注国家的发展。二是基于党和政府那几年工作的良好表现。大学生对当年在一些大事(如北京奥运会、汶川玉树地震、金融危机)中,党和政府的应对和处理评价非常高,分别有98.6%、96.6%、83.3%的满意率。

(四) 关于民族精神和时代精神

(1) 对以爱国主义为核心的民族精神有着良好的认同与践行。当被问到"如果0分代表完全不爱国,10分代表极其爱国,你觉得自己在0至10之间的哪个位置上"时,76.6%的大学生给自己8分以上。而且当年的大学生非常务实,他们认为在和平建设年代,作为大学生,践行爱国主义并不一定要做出轰轰烈烈的大事,最重要的是自觉履行作为一个公民的各项基本义务,在平凡的岗位上尽职尽责便是最大的爱国。其务实性还体现在被问到"如果有现实需要,你是否愿意参与'西部计划'和'支教活动'"时,尽管有39.4%的大学生表示"非常愿意",但仍有32.1%的大学生表示"不是很愿意,但如果有需要还是会参加"。这较真实地体现了当时"90后"大学生的个性特点:大多生活在小康家庭,而且相当一部分是独生子女,他们的人生目标可能还没有达到为人类进步做贡献、为国家发展强大做贡献的高度,但是当国家、民族需要时,他们依然愿意奉献出自身的力量。

(2) 高扬改革创新的时代精神。97%的大学生认同"改革创新是当今中国时代精神的核心"这一提法。在对自身改革创新精神进行评价时,52%的大学生给自己打60~80分,令人关注的是高职生比之本科生,对自我的创新能力评价要低得多。原因主要体现在:高职生大多在中学时成绩不太理想,因而对自我的评价较低,部分学生认为自己在很多方面的能力都不强,包括改革创新能力。相对于男生,女生对自我的创新能力评价更低,而在测查的高职院校中,大部分专业女生多于男生。

（五）关于社会主义荣辱观

对社会主义荣辱观的基本内容，94.9%的大学生熟悉其内容，并且认为在全社会进行倡导非常有必要。大学生对自身这个群体践行社会主义荣辱观的情况的自评值得肯定。有90.1%的大学生认为自己"在学习和生活中，有意识地践行了'八荣八耻'"；当被问及"你如何评价大学生这一群体践行社会主义荣辱观的情况"时，有89.5%的大学生选择"很好践行"或"基本践行"；而且高达76.6%的大学生认为自身所在的群体与社会其他群体相比，更好地践行了社会主义荣辱观。

三、反思与评析

（一）问题关注：高度认同与中度践行之间的落差

社会主义核心价值体系作为我国的主流意识形态，从本质上来说，就是一种实践精神，着眼于每一个人、每一个群体、整个国家民族的发展完善。所以社会主义核心价值体系建设的过程，就是思想上的认同与行动上的践行之间不断转化、不断发展、不断升华的过程。只有社会主义核心价值体系切实落实到每个社会组织和社会成员的自觉行动中，才能真正体现出它的强大精神引领和思想感召作用。

如前所述，无论是在问卷调查、小型座谈会还是个案访谈中，当年的大学生群体均表现出对中央提出社会主义核心价值体系的高度认同、对社会主义核心价值体系四方面内容的高度认同。然而，无论是个体评价还是群体评价，在践行方面均只有中度，这与国家、民族、社会对大学生这个群体的社会期待相去甚远。因为大学生群体不但是社会主义核心价值体系教育的重点对象，更是社会主义核心价值体系建设的中坚力量和积极推动者。对这个群体，不单单要求其对社会主义核心价值体系高度认同，更要求其高度践行。

大学生对社会主义核心价值体系有着高度的认同不难解释，因为他们具有较高的知识水平和较强的认识、分析能力。同时，由于经过了十多年系统的思想理论教育，一般来说，对社会主义核心价值体系的基本内容、理论价值、现实意义，他们很容易理解、认识和掌握。然而，由于大学生大多从学校到学校，没有经过多少社会历练，加之当时多元社会价值取向和思潮的影响，一定程度上消解了大学生对社会主义核心价值体系的践行能力与动力；大学生中有相当一部分人认为社会主义核心价值体系比较理论化，很多时候不能在日常学习、生活中对照践行。

（二）对策评析：在融通思想引领与行为养成之间着力

当年的高校思想政治教育工作者非常明白，仅仅发挥一个社会的核心价值体系的思想引领功能远远不够，将其融入每个社会成员的日常行为习惯中才是根本，才能恒久。如何将社会主义核心价值体系融入大学生的日常行为习惯中，并在其将来的人生发展中长久地践行？路径对策主要体现在以下三方面。

（1）将情理协调作为基础工程。处于中国迅猛发展时代的大学生，思想开放，思维活跃，个性独立，富于激情，自我意识强。对他们来说，要践行社会主义核心价值体系，首先就是将这种理论体系内化为自己的价值观念和思想信仰。从价值观养成的角度来说，只有真正认同和主动接受，而不是单纯了解和简单记忆，才能将知识内化为素质，将理论外化为行动，将需要转化为践行。在对大学生进行社会主义核心价值体系教育，以理服人的同时，教育者非常关注大学生的发展需要、情感兴趣、利益诉求，从而激发大学生内心的自觉，使其调动起自身的各种积极因素，主动加强价值观方面的修养。

（2）将社会实践作为根本途径。价值取向和观念建设从来都必须依靠实践养成。对长期处于校园的学生而言，只有真正加入社会实践之中，面对各种复杂的社会关系之后，他才能深刻认识到自己在社会中的位置，理解和把握自己的社会义务、社会责任以及社会发展的规律、价值准则和道德规范，从而将自身融入社会之中，将自己的利益需求与社会的发展要求、自己的价值观念与社会的价值准则有机地融为一体；自我意识不再仅仅是追求人格的独立，而是把自己看作社会的一分子。只有在这时，共同的理想信念、民族精神、时代精神、社会荣辱观等才能成为指导个体行为的内在法则，遵从社会价值观念才会变成个体的理性自觉。社会实践是高校社会主义核心价值体系由认同步入践行的根本途径。

（3）将生活体验作为可行选择。即结合大学生的生活实际，将社会主义核心价值体系各方面内容、要求融通于他们的日常生活中，营造道德暗示氛围，持之以恒地将社会主义核心价值体系各方面内容的要求具体化，从而让虚拟的理论指导与实实在在的外在环境相衔接，让社会主义核心价值体系回归到大学生的现实校园生活中，实现真正的教化。可以说，对当年大学生实施的社会主义核心价值体系教育，就是一种持久、渐进、现实、感染的生活，或者说是一种生活培育，之后的高校社会主义核心价值观教育亦是如此。

参考文献：

［1］李卫宁，粟岚．建设社会主义核心价值体系重在构建群众心理认同基础［J］．理论前沿，2009（3）：31-32．
［2］乔春霞，齐慧敏．以社会主义核心价值体系引导大学生的价值观［J］．湖北社会科学，2010（4）：185-187．

关联 从社会主义核心价值体系到社会主义核心价值观

内容提要：社会主义核心价值体系和社会主义核心价值观在逻辑理路上一脉相承：前者是后者的思想基础和理论生发点，后者是国民主流群体对前者认同与践行的集中体现；二者以"核心"价值为主线而一脉相承。社会主义核心价值体系和社会主义核心价值观在内涵诠释上又各有侧重：前者关注思想的力量，后者彰显人的主体性；前者突出鲜明的社会主义特色，后者寻求与国际社会价值观接轨；前者四方面内容平行展开，后者三个层面层层递进；前者抽象概括，后者简明通俗。

人类的任何一种社会制度要存在和发展，都需要有核心价值体系和核心价值观的支撑，如封建社会的"仁、义、礼、智、信"，资本主义社会的"自由、平等、博爱"，等等。作为一种美好的社会理想，社会主义从建立之初，就因其独特的制度魅力和发展愿景，深刻地体现了人类社会的价值追求。然而，无论是在马克思主义经典作家那里，还是在苏联和东欧社会主义的摸索过程中，甚至在新中国成立后几十年社会主义的探求和实践中，均未发现对社会主义核心价值体系和社会主义核心价值观有过明确的答案。正如学者戴木才所言，"社会主义核心价值观是马克思主义经典作家留给后人的一个世纪性价值难题，也是世界社会主义实践运动和中国特色社会主义伟大实践提出的一个世界性价值难题"①。

直至中国共产党第十六届中央委员会第六次全体会议，党中央正式提出社会主义核心价值体系的重要命题，并指出："马克思主义指导思想，中国特色社会主义共同理想，以爱国主义为核心的民族精神和以改革创新

---

① 戴木才：《论社会主义核心价值观与核心价值体系的辩证关系——中国特色社会主义核心价值观探索之一》，载《南昌航空大学学报（社会科学版）》2011年第2期，第1页。

为核心的时代精神，社会主义荣辱观，构成社会主义核心价值体系的基本内容。"① 在随后几年的社会主义核心价值体系建设过程中，社会主义核心价值观的提炼备受关注。党的十八大召开前几年，学术界正是基于社会主义核心价值体系大众化的现实需求、人民群众的价值认同以及时代发展的客观现实，热切地关注社会主义核心价值观的提炼。此话题一度成为当时学术界的理论热点和理论焦点。2012年1月《光明日报》总结"2011年度中国十大学术热点"，社会主义核心价值观的凝练位列首位。党的十八大顺应民意呼声，提出了"三个倡导"的社会主义核心价值观：倡导富强、民主、文明、和谐，倡导自由、平等、公正、法治，倡导爱国、敬业、诚信、友善。

在社会主义波澜壮阔的建设和发展史上，中国共产党人首次提出社会主义核心价值体系和社会主义核心价值观的重要命题，并对其基本内涵进行了历史性的诠释。那么，二者在发展脉络和逻辑理路上有何关联？在思想内涵、精神实质、表述方式上又有何差异？厘清二者的关系，不仅是为社会主义核心价值体系建设和社会主义核心价值观践行提供思想共识和法理支持，而且在高校由社会主义核心价值体系教育过渡到社会主义核心价值观教育的过程中，是必须做的理论建设工作。

一、逻辑理路：一脉相承

中宣部思想政治工作研究所研究员戴木才曾对社会主义核心价值体系与社会主义核心价值观的关系做过深入的分析。他在多篇文章中陈述了这样的观点：社会主义核心价值体系是社会主义核心价值观形成和发展的必要条件、存在基础和重要载体；社会主义核心价值观渗透于社会主义核心价值体系之中，通过社会主义核心价值体系表现出来；两者是相辅相成、相互依存、辩证统一的有机整体。这些观点得到学界的公认。在此基础上，可以进一步从社会主义核心价值体系与社会主义核心价值观的生成、发展脉络中梳理出二者的一些承继节点。

---

① 《中共中央关于构建社会主义和谐社会若干重大问题的决定》，载《人民日报》2006年10月19日第1版。

（一）社会主义核心价值体系是社会主义核心价值观的思想基础和理论生发点

核心价值观是一个社会居于统治地位、起支配作用的核心理念，也是一个社会必须长期普遍遵循的基本价值准则。核心价值观是构成社会共同体的思想基础，是整个社会系统得以运转、社会秩序得以维持的基本精神依托和文化规范力量。

凝练社会主义核心价值观，必然要对以下这些问题有清晰的答案：中国人民的核心信仰是什么？十几亿中国人的共同理想追求是什么？国人应以什么样的精神状态和道德素质来实现这个理想追求？社会主义核心价值体系的提出就是对这些问题的及时关注和牢牢把握，社会主义核心价值观的凝练则是体系提出一段时间后水到渠成的逻辑阐发和建设成果。所以，在党的十八大召开前相当长一段时间里，社会各界均认识到，推进社会主义核心价值体系建设，最终目的就是要在全党、全社会形成统一的指导思想、共同的理想信念、强大的精神力量、基本的道德规范。以社会主义核心价值体系为指导，概括出简明通俗、易于传播、便于践行的社会主义核心价值观，是推进社会主义核心价值体系建设的题中之义。

党的十八大报告顺应人民的要求，强调要"用社会主义核心价值体系引领社会思潮、凝聚社会共识"，要"牢牢掌握意识形态工作领导权和主导权，坚持正确导向，提高引导能力，壮大主流思想舆论"。那么，凝聚后的社会共识、壮大了的主流思想，在十几亿国民那里到底是什么？毫无疑问，那就是社会主义核心价值观。

社会主义核心价值体系是宏大的国家层面的价值体系建构；社会主义核心价值观则是在这一宏大价值体系建构之后，通过教育、建设、引领、实践作用的逐步发挥，国家、社会、个人三个层面的认同与践行体现。所以，社会主义核心价值体系内在地涵盖了社会主义核心价值观的精神实质和思想基础。如社会主义核心价值体系强调的马克思主义指导思想，内在地涵盖了民主、文明、和谐、自由、平等、公正等社会主义核心价值观的精神实质。因为马克思主义特别是中国化的马克思主义，是中国人民争取民族解放、民主权利，建设公平正义之和谐社会的思想武器。

（二）社会主义核心价值观是国民主流群体对社会主义核心价值体系认同与践行的集中体现

历史和实践表明，任何一个社会核心价值观的形成都需要经历一定的历史过程。党的十八大召开前几年，理论界一直在热烈地讨论社会主义核心价值观的提炼问题。党的十八大报告提出要"倡导富强、民主、文明、和谐，倡导自由、平等、公正、法治，倡导爱国、敬业、诚信、友善，积极培育和践行社会主义核心价值观"。可以说，这是之前多年来社会主义核心价值体系大众化、普及化的成果，更是随着社会主义核心价值体系建设的推进，国民主流群体对其认同和践行的集中体现，展示了中国共产党和全体人民高度的价值自觉、价值自信，更是中国共产党人对未来社会主义核心价值体系建设做出的顶层设计和科学部署。

富强、民主、文明、和谐，是社会主义核心价值体系中中国特色社会主义的共同理想，把它作为简明的社会主义核心价值观的第一层次，是对公众认同与践行社会主义核心价值体系范式愿景的内在提炼。富强、民主、文明、和谐作为核心价值观，凝结了一百多年来先进的中国人的理想与愿望，寄托了十几亿中国人对现代化国家理想形态的价值表达，是社会主义共同理想信念最直观、最朴实、最深入民心的思想表达和实践行动。

所以，社会主义核心价值体系和社会主义核心价值观是相辅相成、有机统一的，有如一枚硬币的两面。

（三）社会主义核心价值观与社会主义核心价值体系以核心价值为主线而一脉相承

环顾世界，在人类的发展史上，积淀了许多优秀的、美好的价值理念。即使发展程度、国情制度、文化传统不同，这些价值理念中依然有诸多合理因子可供中国学习借鉴。但这并不代表这些美好的、优秀的价值就能确立为社会主义核心价值体系或核心价值观。社会主义核心价值体系与核心价值观，恰恰是因"核心"二字而能够一脉相承，且必须一脉相承。

首先，"核心"意味着二者均是制度性的价值理念而一脉相承。在人类的社会生活中，有许许多多美好的价值观。但在这林林总总的价值观念中，哪些能上升为国家层面的核心价值理念？其一，此价值理念应该是该社会意识形态的精髓并为此意识形态服务；其二，必须反映该社会制度的先进性，并有助于国家社会制度的巩固和稳定。核心层面价值理念的推行，既能增强制度对民众的吸引力，又能通过民众对核心价值理念的认同与践行，进一步推进制度的稳定与发展。社会主义核心价值体系中的马克思主义指导思想、社会主义共同理想信念，均是制度的鲜明标志，既是社会主义价值体系之核心所在，一以贯之，理应成为社会主义价值观之核心。不同的只是表现形式，在社会主义核心价值观中表现为：富强、民主、文明、和谐，自由、平等、公正、法治。

其次，"核心"意味着二者均为超越性的价值理念而一脉相承。如前所述，社会主义核心价值体系强调社会主义共同理想信念，社会主义核心价值观在国家层面上倡导富强、民主、文明、和谐。二者关注的均是具有真正目标性、持久性、超越性、世界性的价值理念，而不是工具性、暂时性、实用性、狭隘民族性的理念。

再次，"核心"意味着二者均为民族性、时代性、世界性相结合的价值形态。社会主义核心价值体系固然有着鲜明的社会主义意识形态性质，但中华民族的伟大复兴、民族精神和时代精神、社会主义荣辱观的概括，更是中华民族几千年传统文化与民族生态的高度概括；社会主义核心价值观将社会主义核心价值体系的价值取向、价值理想、价值追求、价值规范进一步与当下公众的思想认识和行为规范接轨。"三个倡导"既是对当下党和国家时代主题的高度提炼，又是对世界其他国家、民族进步价值理念的包容、借鉴，更是对民族优秀文化传统的传承、创新。

二、内涵诠释：各有侧重

社会主义核心价值体系与社会主义核心价值观，既因内在的逻辑理路而一脉相承、相互交织，又因不同的功能定位而各有侧重、风格迥异。

（一）主体之异：社会主义核心价值体系关注思想的力量，社会主义核心价值观彰显人的主体性

社会主义核心价值体系的提出，标志着中国共产党人对社会主义思想力、价值力和文化软实力提升所做的重大贡献。这一理论的提出，可谓建设中国特色社会主义历史进程中一个意义十分重大的历史事件。在科学社

会主义的指导下，苏联、中国以及其他一些社会主义国家，长期以来也主要致力于通过经济建设和经济发展，与资本主义国家进行硬实力比拼，较少致力于对包括社会主义核心价值体系这样的软实力课题进行深入研究和建设，从而使人们对社会主义核心价值体系的认识长期处于模糊之中，没有提出系统的社会主义核心价值体系。在此背景下，当代中国共产党人和中国政府提出一个什么样的价值体系，就直接关系到国民的信仰追求、社会的凝聚力、共产党的公信力和执政力、中国和平崛起的速度，甚至中国将来能否成为世界强国之一等一系列的问题。2007年，中国共产党人站在国家百年发展的高度，超越原有的思维框架，重新考量中国几十年的改革开放和社会主义发展，提出了一个内涵深刻、层次丰富、科学凝练的社会主义核心价值体系，这无疑具有重大的理论和现实意义。在当今世界软实力的较量面前，这一体系鲜明地亮出了我国社会主义建设道路的特色，其思想性、理论性为人们所瞩目就不足为奇了。总体而言，社会主义核心价值体系范畴的与时俱进、内涵的全面系统、思想的深刻丰富是为人们所公认的。

　　但是，在随后的社会主义核心价值体系建设过程中，因为广大人民群众文化水平明显的差异，理论的丰富性、学理性、抽象性对其大众化产生了消极影响：丰富性制约着人们对其做全面的认知，学理性制约着人们的深入把握，抽象性导致现代传播上的不易。因此，在提炼社会主义核心价值观时，满足作为价值主体的人民群众的迫切需求，就成为提炼的基本思考路向。社会主义核心价值观不能是某些理论工作者或者政府领导主观想象出来的，而应是从当代中国现实社会中总结出来的，否则价值观就会成为空中楼阁。在社会主义核心价值观的讨论过程中，价值主体人的认同、接受、践行情况，一再作为提炼科学与否的考量标准。党的十八大提炼的社会主义核心价值观的"三个倡导"，正是深入生活，反映价值主体中国人民共同心声的结果，更体现了核心价值观应该是在人民大众的日常生活中生根、发芽、结果的发展历程和现实逻辑的统一。尽管党的十八大将社会主义核心价值观作为一个动态体系，为其未来的发展、完善预留了空间，但社会主义核心价值观彰显人的主体性这一提炼思路已经确定。

(二)特色之异:社会主义核心价值体系突出鲜明的社会主义特色,社会主义核心价值观寻求与国际社会价值观接轨

社会主义核心价值体系是改革开放以来中国共产党对"什么是社会主义,如何建设社会主义"这一重大问题进行探索的重要理论成果。体系包括的每一方面的内容都有着鲜明的社会主义特色。马克思主义是社会主义立国立党的根本指导思想,共同理想信念昭示了中国共产党人和中国人民坚定地走社会主义道路、建设社会主义强国的信心和决心,民族精神和时代精神、社会主义荣辱观更是对全体国民建设社会主义、发展社会主义应该具有的精神状态、精神风貌、行为规范的具体化。整个社会主义核心价值体系的基本内涵,浓缩的正是中国共产党人对社会主义探索和建设的认识历程:从"宁要社会主义的草,不要资本主义的苗"到"贫穷不是社会主义",再到"物质贫乏不是社会主义,精神空虚也不是社会主义"。社会主义核心价值体系的提出,同时也折射出党对社会主义本质的认识历程:从重视物质文明到重视精神文明,再到物质文明和精神文明统一并重。

党的十八大报告从国家、社会、个人三个层面提出富强、民主、文明、和谐,自由、平等、公正、法治,爱国、敬业、诚信、友善 24 字社会主义核心价值观,呈现出浓烈的包容性和寻求与国际社会价值观接轨的倾向。党站在人类价值共识的制高点,在吸收我国古代优秀传统文化的基础上,大胆借鉴、吸收世界其他国家、民族的价值思想精华。这是对科学社会主义价值、中国传统文化价值、中国当代价值和人类优秀文化的继承和扬弃,充分体现了党的政治勇气、政治魄力、理论自信和价值观自信。自由、平等、民主从来都不是资产阶级的专利,而是人类社会的永恒追求和共享价值,理应是社会主义高扬的价值理想旗帜。国富民强、社会安定和谐,既是国际社会的共同价值诉求,也是中国人民的价值诉求,而要实现之,就必须使广大社会成员能够普遍享有自由、平等、公正、法治,爱国、敬业、诚信、友善等基本价值。这意味着,一方面,社会主义核心价值观不是要挑战西方公认的价值观,而是期望通过社会主义的发展和社会主义核心价值观的理性丰富、科学完善,寻求与人类的优秀价值观接轨,为人类提供共享的价值追求。另一方面,社会主义核心价值观的人类命运共同体价值色彩又与之前社会主义核心价值体系的社会主义特色一脉相

承；自由是社会主义的题中之义，因为实现"人的自由全面发展"是共产主义的最高价值追求；民主体现了社会主义的本质，因为发展社会主义民主政治是我党矢志不渝的奋斗目标；等等。

社会主义核心价值观可谓体现了坚持社会主义道路与融入世界的价值诉求的统一，有利于扩大我国在国际舞台上的影响力，因为中华民族要复兴崛起，就必须融入国际社会。作为国家软实力的社会主义核心价值观，如果不能被国际社会的主流价值观认同，中国就不能在完整的意义上融入国际社会，就不能顺利实施中国的外交政策，就不能捍卫中国的核心利益。

（三）诠释方式之异：社会主义核心价值体系四方面内容平行展开，社会主义核心价值观三个层面层层递进

社会主义核心价值体系立足宏大的国家层面，从理论、理想、精神、道德四方面分析其内涵，逻辑缜密，结构完整，四方面内容既功能各异，又互为一体。其中，马克思主义指导思想是整个价值体系的灵魂和理论基础，对价值体系的另三方面内容起统领作用；中国特色社会主义共同理想是价值体系的主题，另三方面内容都是为实现这一主题目标服务；民族精神和时代精神、社会主义荣辱观解决的则是人们的精神状态、精神风貌和行为规范的问题，是前两方面内容的依托和基础。

社会主义核心价值观则从国家、社会、个人三个层面层层递进，既从安邦定国的角度展示对国家发展理念、目标、路径的基本选择，又从安身立命的角度规范全体公民的精神追求、价值取向和行为方式。整个社会主义核心价值观通过"三个倡导"，精练地阐明了我国社会主义初级阶段，在党和国家层面的价值追求是什么，在社会与市场层面的价值追求是什么，以及在个人层面的价值追求是什么。在国家层面，社会主义核心价值观是富强、民主、文明、和谐，分别反映了社会主义在经济、政治、文化、社会和生态方面发展的价值追求。自由、平等、公正、法治是社会层面的核心价值观，展现了中国共产党人对资产阶级核心价值观的包容、借鉴，对培育现代公民社会的美好愿景。爱国、敬业、诚信、友善是个人层面的核心价值观，从个人的政治道德、职业道德以及个人德行等方面，强调了作为一个社会主义社会的公民应当具有的核心价值追求。

（四）表达形式之异：社会主义核心价值体系抽象概括，社会主义核心价值观简明通俗

社会主义核心价值体系作为一个博大精深的理论课题，从四方面概括其基本内容，可谓高屋建瓴、抽象概括、深刻全面地浓缩了社会主义发展的理论精神，标志着"我们党对人类社会发展规律的认识、对社会主义发展规律的认识、对中国共产党执政规律的认识，已经从理论层面、制度层面深化到价值层面，已经从真理性认识深化到真理性认识与价值性认识相统一的层面"①。

社会主义核心价值体系的抽象概括，源于理论体系承担的历史使命和现实职责。党的十八大报告以"三个倡导"提出的社会主义核心价值观，是社会主义核心价值体系的思想内涵、社会主义建设实践的现实需求和我国传统现实文化资源三个维度相结合基础上的全新理论和现实成果。核心价值观相对于核心价值体系，更注重表达形式的简明通俗，以期获得广大群众的心理认同、情感认同和文化认同。对于文化水平参差不齐的国民，简明通俗的表现形式才能快速入耳、入脑，进而潜移默化为他们的价值追求，再水到渠成地外化为自觉行动。从社会主义核心价值体系到社会主义核心价值观，体现的正是从抽象到具体、从深奥到通俗的价值建设过程的客观需要。社会主义核心价值观通俗易懂的表述正契合了现实需求和民意呼声。这同时也意味着在未来建设、发展社会主义核心价值观的过程中，要始终坚持贴近国情、贴近社会、贴近群众、贴近生活，只有将意识形态层面的价值观融入我国既成的社会制度之中，融入普罗大众的庸常生活之中，社会主义核心价值观才会真正被广大人民群众认同、信服，植根于人们的思想深处和心灵深处，转化为他们的日常价值观和生活实践。只有这样，价值观旺盛的生机与活力才能保持，否则，就会受到人民群众的质疑和否定，其生命力自然不可持续。

---

① 戴木才：《科学揭示中国特色社会主义核心价值观的四个维度（上）——中国特色社会主义核心价值观探索之二》，载《南昌航空大学学报（社会科学版）》2011年第3期，第9页。

三、结语

社会主义核心价值体系和社会主义核心价值观的生命力和感召力源于何处？当然不在于文字的华丽。一是源于逻辑理路上的一脉相承，二是源于功能诠释上的科学定位。二者形成一个相辅相成、相互依存、辩证统一的有机整体，体现了十几亿中国人民的理想追求，丰富了十几亿中国人民的精神世界，提升了十几亿中国人民的精神素质，规范着十几亿中国人民的行为，在此基础上，建立和谐公正的社会制度，实现人民富裕和国家强盛。这样的核心价值体系和核心价值观，必将引领中国成为世界强国，引领中国人民成为当之无愧的大国公民！

参考文献：

[1] 戴木才. 论社会主义核心价值观与核心价值体系的辩证关系：中国特色社会主义核心价值观探索之一［J］. 南昌航空大学学报（社会科学版），2011（2）：1-8.

[2] 戴木才. 科学揭示中国特色社会主义核心价值观的四个维度（上）：中国特色社会主义核心价值观探索之二［J］. 南昌航空大学学报（社会科学版），2011（3）：9-16.

[3] 戴木才. 科学揭示中国特色社会主义核心价值观的四个维度（下）：中国特色社会主义核心价值观探索之三［J］. 南昌航空大学学报（社会科学版），2011（4）：1-10.

[4] 戴木才. 自由、民主、幸福、仁爱：中国特色社会主义核心价值观内涵初探：中国特色社会主义核心价值观探索之四［J］. 南昌航空大学学报（社会科学版），2012（1）：1-7.

[5] 杨明. 国家与公民：社会主义核心价值观概括的基本路径［J］. 红旗文稿，2012（4）：8-10.

[6] 戴木才，田海舰. 论社会主义核心价值体系与核心价值观［J］. 中国党政干部论坛，2007（2）：36-39.

[7] 杨永志. 也谈社会主义核心价值观的凝练：兼与包心鉴先生商榷［N］. 光明日报，2012-02-04（11）.

[8] 龚群. 三层次社会主义核心价值观及其内在关系［N］. 光明日报，2013-01-05（11）.

关联 主流意识形态安全与高校社会主义核心价值观教育

内容提要：大学生作为我国未来发展的依靠力量，其价值观培育应该上升到维护主流意识形态安全的政治高度，并与强化主流意识形态话语权、渗透力、影响力融为一体，相互促进。在具体实践中，一要全面强化主流意识形态在高校的话语权，与促进大学生对社会主义核心价值观的理论认同融为一体；二要全面强化主流意识形态在网络空间的渗透力，与促进大学生对社会主义核心价值观的情感认同相辅相成；三要全面强化主流意识形态的生活影响力，与促进大学生对社会主义核心价值观的生活践行同步推进。

面对当前国际国内的严峻形势，尤其是意识形态领域的斗争，高校社会主义核心价值观教育工作必须上升到主流意识形态安全的政治高度，并与强化主流意识形态安全工作融为一体、同步推进。一方面，作为高校思想政治教育最重要的现实主题，引导大学生培育和践行社会主义核心价值观，对增强社会主义意识形态的吸引力和凝聚力，抵制各种错误的社会思潮和价值取向的侵蚀，维护我国高校主流意识形态安全，确保主流价值观话语权，具有重要而现实的意义。另一方面，在多元开放的社会环境浸染、各种社会思潮冲击，以及西方敌对势力渗透的复杂环境中，只有社会主义主流意识形态在高校拥有强势的话语权、足够的渗透力和强大的影响力，社会主义核心价值观才有优质的培育土壤和广阔的践行空间。

一、全面强化主流意识形态在高校的话语权，与促进大学生对社会主义核心价值观的理论认同融为一体

毋庸置疑，复杂的国际国内形势、开放多元的社会环境，加上西方敌

第二编 守正与创新

对势力的恶意渗透，使得当前我国社会主义主流意识形态在方方面面都面临着严峻的安全挑战。此等情势会在一定程度上影响部分大学生对社会主义核心价值观的坚定理论认同。因此，强化主流意识形态的话语权，增强其吸引力和凝聚力，是高校促进大学生对社会主义核心价值观理论认同的当务之急。一方面，高校思想政治教育工作者要清醒地认识到，话语权之争既是多元意识形态激烈交锋、艰难博弈的过程，也是某种意识形态对受众价值观影响的结果。当前，西方意识形态通过现实和虚拟双空间加大对高校的渗透，其话语权对大学生价值观的影响不容忽视，思想政治教育工作者不得不直面这个严峻的现实。另一方面，思想政治教育工作者也要认识到，过去几年高校社会主义核心价值观教育取得了显著的成效，为新时代社会主义核心价值观教育守正创新奠定了良好的基础，也为社会主义主流意识形态在高校的话语权提供了思想保证。从课题组过去多年的跟踪研究来看，高校党政领导一直比较重视社会主义核心价值观的教育教学工作；思想政治教育工作的相关部门也能坚持协同创新、合作育人；大学生在思想意识上一直对社会主义核心价值观高度认同，在行为习惯上也较好地践行了社会主义核心价值观。正是这种思想上的高度重视、行动上的强力推进、措施上的协同创新，大学生群体对社会主义核心价值观的行为践行度才逐年提升。所以，当前高校社会主义核心价值观教育工作当以过往的成功经验和积累为依托，进一步发挥思想政治教育对大学生科学理性价值观构建的正强化作用。而在当前意识形态极其复杂的大背景下，这种作用要发挥，高校思想政治教育就必须牢牢把握意识形态的话语权，正如党的十八大报告所指出的："牢牢掌握意识形态工作领导权和主导权，坚持正确导向，提高引导能力，壮大主流思想舆论。"

要发挥主流意识形态对大学生社会主义核心价值观认同与建构的正强化作用，就必须清楚二者的内在联系。社会主义核心价值观是我国主流意识形态的核心，体现主流意识形态的本质和要求，而主流意识形态则是社会主义核心价值观的观念基础和价值底蕴，二者是相辅相成、辩证统一的有机整体。高校要从维护主流意识形态安全的高度来加强大学生社会主义核心价值观的培育工作。一方面，如果没有对中国特色社会主义道路、中国特色社会主义理论以及中国特色社会主义制度的充分自信，就不可能对社会主义核心价值观有科学的思想认识、深刻的情感认同和切实的行为践行。另一方面，大学生如果群体性地在社会主义核心价值观上迷茫困惑和取向混乱，就会在思想意识上对社会主义制度和党的领导持怀疑态度，从而动摇马克思主义在高校意识形态领域的主导地位，影响社会主义主流意识形态在高校的安全与稳定。这是高校宣传思想工作领域不容小觑的严重问题。正是因为二者有着密切的内在逻辑关联，高校在进行宣传思想工作的顶层设计时，应该将全面强化主流意识形态的话语权与促进大学生对社会主义核心价值观的理论认同融为一体。另外，高校思想政治教育工作者要科学、精准、深刻地诠释社会主义核心价值观，使大学生在准确理解社会主义核心价值观的思想内涵和价值意蕴的基础上，进一步在情感上认同和心理上接受这种价值评判标准，并最终在生活实践中努力践行和弘扬社会主义核心价值观，从而自觉抵制错误、敌对意识形态的侵蚀。思想政治教育工作者一定要向大学生认真剖析社会主义核心价值观与西方价值观在内容与形式、现象与本质上的区别，尤其要透彻揭示西方价值观的虚伪性和欺骗性。只有多管齐下、全方位推进，主流意识形态话语权才能得到强化。在此背景下，大学生对社会主义核心价值观的理论认知才能深刻、精准、透彻。因此，在培育大学生社会主义核心价值观的工作中，一定要牢牢把握社会主义主流意识形态话语权。诚如一些学者所言，在"进步之痛"与"发展悖论"充分暴露的今日中国，主流意识形态话语权备受外来冲击。因此，如何发掘和提升社会主义主流意识形态的理论解释力、逻辑说服力、现实证明力，是高校思想政治教育面临的第一个挑战。针对前些年一些人批评高校思想政治教育抽象化、形式化、说教化的弊病，近年各高校实施了深度改革，改革的核心理念是如何全方位提升理论的信度和效度。因为精准的理论剖析是受众情感认同最重要的基础，只有在有信度和效度的理论面前，人才可能产生情感共鸣，进而做出理性的行为选择。2020年9月1日，《求是》杂志第17期发表了习近平总书记的重要文章《思政课是落实立德树人根本任务的关键课程》。文章强调指出，要做到"八个统一"，推动思政课改革创新，不断增强其思想性、理论性和亲和力、针对性。高校社会主义核心价值观教育同样要从这"八个统一"方面着力。

二、全面强化主流意识形态在网络空间的渗透力，与促进大学生对社会主义核心价值观的情感认同相辅相成

在网络时代，一种意识形态要获得话语主导权，一种价值观念要得到

情感认同,只靠传统方式来引领,已经困难重重,尤其当面对的受众是大学生的时候。形形色色的西方意识形态对网络虚拟空间的辐射和渗透在今天已无孔不入、全面浸染。全球化浪潮之下,西方主流意识形态为了争夺话语霸权,往往借助商业产品、影视娱乐、公司文化等隐性的商业化符号而非政治话语形式,以大众化、重复性的消费方式试图影响发展中国家人们的价值观念和思维方式。大学生作为网络产品的重要消费群体,已成为主要受众。此种形势下,如果社会主义主流意识形态话语在网络空间没有足够的渗透力,势必在大学生的精神世界中缺位;社会主义核心价值观教育如果还只是停留在课堂宣讲教育层面,势必在大学生的日常生活领域缺位。因为在网络社会,人既是现实的存在,也是虚拟的个体,在现实与虚拟、有限与无限统一的网络空间,个体的想象自由和自觉能力被充分激发出来。而网络社会"去中心化"的生存方式一旦没有网络权力的有效控制,就会成为意识形态传播的"法外之地"。过去这些年来,西方意识形态正是利用大学生群体对网络的超强感知和利用能力,通过网络载体肆意编造普世神话,着力混淆传统道德,试图以此影响甚至改变大学生的价值观念和行为选择。因此,在"微浪潮"汹涌澎湃的今天,思想政治教育工作者应从战略高度重视西方意识形态对大学生价值观的影响,必须积极适应网络空间并主动出击。一是必须密切跟踪了解并理性分析辨别形形色色的意识形态和价值观念;二是消弭新媒体和自媒体的负面因素,积极构筑民主平等、积极清朗的社会主义主流意识形态话语空间和社会主义核心价值观网络引领空间。不得不承认,网络虚拟空间符合青年人的认知习惯,是大学生喜爱的形式,它以开阔的视野和胸襟,成为多元意识形态和价值观交流、交锋、交融的新空间。对此,教育者不可能无视,更不可能逃避。同时,教育者参与自媒体,还在于利用它的平等、自由、交互性,及时跟踪社会主义主流意识形态和核心价值观教育的实效性和针对性。调研显示,高校的思想政治教育工作者,无论是思政课教师、辅导员、班主任还是宣传部门的工作人员,普遍能够运用QQ、微信等新媒体的"关注""跟踪"功能,积极通过网络媒体,发挥隐性教育的功能。例如,为了发挥思政课作为大学生社会主义核心价值观教育主渠道和主阵地的功能,思政课教师都会加入教学班级的QQ群、微信群,和学生打成一片,倾听他们的呼声,了解他们的困惑,并及时修正和优化教学;一些教师甚至想方设法地帮助学生解决学习、生活中的困难和问题,如打工兼职、就业找工作等。但是,实事求是地说,这方面无论是内容还是形式,无论是深度还是广度都比较初级，还需要思想政治教育工作者做出更多的创新思考和独特设计。

在新技术、新媒体迅猛发展的今天，教育工作者必须紧跟时代步伐，保持年轻的心态和开放的胸怀，不断学习，力求使社会主义主流意识形态和核心价值观的育人话语体系更大众化、生动化、形象化。有人说，自媒体时代，莎士比亚和平民共坐一席。从自媒体的平等性、开放性而言，这不无道理。在自媒体时代，思想政治教育的信息不再只是或者主要来源于课堂，大学生通过丰富多彩、瞬息万变的网络关注世情国情党情、家事国事天下事，在此过程中，高校思想政治教育工作者时刻关注大学生的关注，如大学生思维的聚焦点、网络语言的演变和发展，并跟进学习和运用，力求通过新媒体话语表达的平等、亲和、交互、即时等特点，推动高校社会主义核心价值观培育话语的大众化、生动化、形象化。

教育工作者还必须放下身段，与学生平等相处，构筑起师生之间民主、平等、交互的社会主义核心价值观教育空间。在新媒体时代，党中央的政策和理论不再是单向、缓慢的层级传递，而是可以借助微博、微信等新兴媒介迅速到达基层，甚至向四方扩散。在这种背景下，思想政治教育教师的理论权威和信息发布者形象备受冲击，世情国情、社会新闻、党政国策等，未待教师在课堂上传达，学生已通过网络、微博、微信知悉，遇到感兴趣的，如果教师动作稍慢，学生知晓的可能比教师还丰富、还清楚。面对此种情况，近年高校思想政治教育工作者心态平和，应对及时，大部分教师主动放下身段，加入虚拟的学生网络群体如 QQ 群、微信群等，与学生打成一片，坦诚相待，平等交流，创建了一个个更为民主、平等、和谐的育人空间，从而使大学生对全面融入思想政治教育网络空间的社会主义主流意识形态和核心价值观，在认知和解读方面更为理性和客观，在培育和践行方面也更为有效和快捷。诚然，由于多方面因素的影响，这种融入深度和广度还远远不够。例如：社会主义主流意识形态和核心价值观教育的表现形式、内容展示不够新颖、活泼、时尚，师资的参与数量和时间也不够，等等。这方面的不足在高校社会主义核心价值观教育主渠道、主阵地的思政课堂上也同样存在。

因此，在现实的课堂教学晓之以理的基础上，如何在网络空间的隐性教育中动之以情，引发大学生对主流意识形态的情感共鸣，提升其对社会主义核心价值观的情感认同度，在当前显得尤为迫切。2009 年，《人民论坛》杂志社曾进行"未来 10 年 10 大挑战"的调查，结果显示：当时近四成的受访者认为中国主流价值观边缘化危机是未来10年的严峻挑战。10年后的今天,大家可以看到,在意识形态这场没有硝烟的战争中,如何提高包括大学生在内的社会公众对社会主义核心价值观的心理和情感认同,是摆在我国意识形态领域严峻而紧迫的"真问题"。对中国的高等教育界来说,这个危机的缓解必须依靠思想政治教育工作者的非凡努力和持续创新。

三、全面强化主流意识形态的生活影响力,与促进大学生对社会主义核心价值观的生活践行同步推进

主流意识形态要对社会主义核心价值观发挥作用,单有话语权和渗透力还不够,必须全方位影响大学生的微观生活实践。这与大学生对社会主义核心价值观的自觉践行可同步推进。在社会主义核心价值观培育过程中,必须要落脚到实践修炼,必须全面强化主流意识形态对大学生的生活影响力。不得不承认的是,过去几年,作为主流意识形态本质话语体系的社会主义核心价值观,在融入大学生日常生活实践层面显得并不充分。一方面,高校在课堂上大力宣传社会主义核心价值观的精髓要义,大学生在日常生活的微观领域,却大量消费着西方的文化产品,按照西方的文化品位和价值观思维行事,这样的背反现象已经引起教育工作者的高度重视。如何在日常生活语境和实践视域层面,从战略高度、顶层设计方面思考,让主流意识形态话语占据大学生的日常生活领域,并守好这个具有绝对价值的话语权阵地,挑战巨大,目前的应对还不足。

一是思考如何使宏大的主流意识形态、核心价值观"落地生根",全面融入大学生平凡、琐碎、微观的生活领域。国家层面的意识形态、价值倡导虽然高于公民的日常生活,但一定是来源于日常生活的。大学生日常的消费取向、饮食偏好、网络行为、娱乐方式等微观生活范式恰恰是宏大的国家意识形态和核心价值的承载体和落脚点,社会主义核心价值观的培育是否充分关照大学生日常生活的微观视域,正是社会主义主流意识形态话语体系主导权和影响力的直观印证。在学校教育已远远不是影响大学生思想和价值观念的唯一途径的今天,寻求多载体并重、多空间互通、多部门协同、多阶段衔接是必由之路,尽管难度极大、任重道远。

二是尝试通过榜样示范和生活修炼的综合互动来完成。近年来,社会

各行各业涌现了大批榜样，他们是这个社会的正能量代表人物，各高校的教育工作者要擅长选取先进、真实、丰富多样的榜样，如"新时代楷模""感动中国年度人物""全国道德模范""公益中国"等，充分发挥榜样在核心价值观方面的导向、示范、激励和矫正作用，引领大学生真正践行社会主义核心价值观。如果说情感陶冶法对大学生来说发挥的是价值认同的作用，那么榜样示范法则是在价值认同的基础上引导大学生进行价值选择。价值选择是从价值认同转化为价值行为的关键环节。当然，榜样示范在价值链构筑中依然属于价值选择，要转变成价值主体的行为，还必须通过生活实践。正如习近平总书记所言，"一种价值观要真正发挥作用，必须融入社会生活，让人们在实践中感知它、领悟它"①。

三是积极开发利用仪式，将其作为培育社会核心价值和引领主流意识形态的重要方式。习近平总书记也提出，要以礼仪推动核心价值观融入人们的社会生活中。仪式在古今中外都是价值观引领和文化传承的重要形式，是在某个时间节点举行的承启性活动，具有独特的价值传承和意识形态教育功能。如升旗、宣誓、成人礼等，都是长期以来我国思想政治教育的重要形式和舞台。当前推动大学生践行社会主义核心价值观，维护主流意识形态的领导地位，仪式建构的主要思路就是进一步推动这些宏大叙事概念符号化、象征化，进而生活化、仪式化，并以人们喜闻乐见的常态化的形式强化、巩固之。在时间节点的选择上，可充分利用各种政治性的节日、纪念日、传统节日等举办仪式，将社会主义意识形态和核心价值观的文化意蕴和价值理念融入其中；在空间上，应充分利用固定的纪念广场、烈士陵园、红色遗址等；在仪式内容上，中华优秀传统文化是个富矿，可以开发出新形式和新内容。当然，这是一项需要整体规划、稳步推进的系统工程，而且只有高校师生也不能完成，需要理论研究者、宣传工作者、各级政府和各界人士共同参与。

总之，新时代全面加强高校社会主义核心价值观教育工作，是维护我国社会主义主流意识形态安全、确保国家长治久安的战略选择。我们必须清醒地认识到，在主流社会意识形态备受考验的今天，社会主义核心价值观要被大学生真实而恒久地认同与践行，对教育工作者而言，绝非一朝一

---

① 《把培育和弘扬社会主义核心价值观作为凝魂聚气强基固本的基础工程》，载《人民日报》2014年2月26日第1版。

夕之功。过去这些年,社会主义核心价值观的培育和践行工作尽管已有很多成功实践,但在新形势下,困难和问题同样严峻,高校思想政治教育工作者除了勇敢面对困难,持之以恒地努力,别无选择。

参考文献:

[1] 把培育和弘扬社会主义核心价值观作为凝魂聚气强基固本的基础工程[N]. 人民日报, 2014-02-26 (1).

[2] 李海. 主流意识形态安全视阈下的社会主义核心价值观培育[J]. 科学社会主义, 2014 (6): 76-79.

[3] 许灿荣, 徐喜春. 新媒体环境下青年社会主义核心价值观的培育研究[J]. 青年探索, 2015 (1): 19-23.

守正创新 高校社会主义核心价值观教育的永恒主题

内容提要：守正创新是高校社会主义核心价值观教育的永恒主题。守正确立了社会主义核心价值观教育的基本原则，创新使社会主义核心价值观教育更有"温度、情怀和精气神"。党性主导是守正的第一原则，协同育人是守正的题中之义，传承优秀传统文化和价值理念是守正的动力源泉。高校社会主义核心价值观教育的创新路径可从三方面思考：加强创新要素研究；提升教育者的创新能力和学科素养；探索创新大学生社会主义核心价值观实践养成的路径。

2019年3月18日的学校思政课教师座谈会上，高校社会主义核心价值观教育如何守正创新，是思政课教师向习近平总书记汇报交流的一个重要主题。党的十九大报告指出：要充分"发挥社会主义核心价值观对国民教育、精神文明创建、精神文化产品创作生产传播的引领作用，把社会主义核心价值观融入社会发展各方面，转化为人们的情感认同和行为习惯"。社会主义核心价值观教育如何守正创新从而有新的作为，高校思政课教师和思想政治教育工作者都应该深入思考、努力探索，并用行动做出回答。社会主义核心价值观教育的守正创新，其守正是前提、根基。守正就是要确立社会主义核心价值观教育的根本原则，要把握教育本质，遵循教育规律，传承成功的教育经验。创新是源泉和动力。创新就是要紧跟时代步伐，不断推动教育改革，增强社会主义核心价值观教育的思想性和理论性，锻造其亲和力和针对性。

一、高校社会主义核心价值观教育守正之基本遵循

新时代高校社会主义核心价值观教育如何守正？在学校思政课教师座

谈会上，习近平总书记提出的"八个相统一"规律为新时代学校思政课守正创新指明了方向，即坚持政治性和学理性、价值性和知识性、建设性和批判性、理论性和实践性、统一性和多样性、主导性和主体性、灌输性和启发性、显性教育和隐性教育相统一。① 这"八个相统一"对新时代高校社会主义核心价值观教育同样适用，鲜明地指出了高校对大学生进行价值观引领应该遵守的正道（即政治方位、重要使命和原则）。

（一）党性主导是守正的第一原则遵循

"我们党立志于中华民族千秋伟业，必须培养一代又一代拥护中国共产党领导和我国社会主义制度、立志为中国特色社会主义事业奋斗终身的有用人才。在这个根本问题上，必须旗帜鲜明、毫不含糊。"② 这就是新时代高校社会主义核心价值观教育的政治方位，也是第一原则。对大学生的价值观引领首先就是要无条件、旗帜鲜明地坚持马克思主义特别是当代中国马克思主义——习近平新时代中国特色社会主义思想的指导地位，强化大学生对社会主义核心价值观的思想认知、情感认同，尤其是实践自觉。高校价值观教育要理直气壮地强化政治意识和阵地意识，提高政治站位，确保党的领导和主流意识形态思想对大学生价值取向的主导权、话语权、管控权，形成既具时代风采又有高雅旨趣的新时代大学生核心价值观。

（二）协同育人是守正的题中之义

高校党委要从"事关党和国家前途命运"的政治高度，围绕人才培养使命，把社会主义核心价值观教育纳入课程教学、科研教改、管理服务、校园文化建设等育人全过程。学校党委和思想政治工作的主管部门如宣传、学工、马克思主义学院等更要高度重视价值观教育工作，积极构建协同育人的合力教育格局。目前在高校大力推进的"思政课程"与"课

---

① 张烁：《用新时代中国特色社会主义思想铸魂育人　贯彻党的教育方针落实立德树人根本任务》，载《人民日报》2019年3月19日第1版。
② 张烁：《用新时代中国特色社会主义思想铸魂育人　贯彻党的教育方针落实立德树人根本任务》，载《人民日报》2019年3月19日第1版。

程思政"融合，就是协同育人的有益探索。将社会主义核心价值观的思想内涵、精神实质和素质要求融入专业课程和职业素养中，并将其作为专业课程改革的核心环节，运用马克思主义世界观和方法论，引导学生将做人与做事相结合，将技能训练与素养提升相结合，从而实现价值引领、能力培养和知识传授的有机融合。这种融合将促进专业课程与思政课同向同行，形成协同效应，形成思政课、专业课与通识课程等合力育人的"大思政"新格局。合力教育更高的境界和要求是在成功优化统筹校内资源的基础上，尝试协调社区力量，拓展城市资源，构建多元、多层、多样的社会主义核心价值观社会化教育大格局。

(三) 传承优秀传统文化和价值理念是守正的动力源泉

社会主义核心价值观是对中华文明丰厚历史传统和优秀价值理念的传承、丰富和发展。社会主义核心价值观的内涵和精神实质彰显了鲜明的时代风采和强烈的中国风格，体现了民族性和时代性、政治性和科学性的辩证统一。传承中华民族优秀文化和价值精华，是核心价值观守正的动力源泉。引领当代大学生将核心价值观置于中华民族伟大复兴中国梦的宏阔背景中加以理解和实践，前提和基础就是立足于丰厚的价值传统。传承优秀传统文化和价值理念的另一层含义是要传承新中国成立 70 多年来甚至是中国共产党成立百年来，思想政治教育和价值观培育的成功经验和规律把握，在此基础上来谈推陈出新。

二、高校社会主义核心价值观教育的创新路径探寻

教育创新无止境，因为我们面对的教育对象是鲜活的、充满个性特征的，同时我们面对的社会现实也是鲜活的、日新月异的。因此，社会主义核心价值观无论是教育教学还是培育践行，都必须建立在深入研究学生成长成才规律的基础上，尊重学生的个性与特点，勇于开拓，大胆创新，多方着力，有效调动他们培育和践行的积极性，使社会主义核心价值观教育的理论有思想深度，课堂有情怀温度，实践有收获成长。

(一) 创新高校社会主义核心价值观教育要素研究

2018年，我国第一批"00后"青年进入大学，给高校社会主义核心价值观教育带来了充满活力的新主体，也给教育教学提出了新的研究主题和领域。教育要素理论提出：教育过程应该包含教育者、受教育者、教育内容和教育手段方法四种要素。新时代高校社会主义核心价值观教育和研究，也需要观照这四个方面。以下重点从两个方面着力进行拓展和深入。

一是进一步深化、细化对青年学生践行社会主义核心价值观的现状、特点和问题研究。社会主义核心价值观的教育效果如何，首先是建立在对受教育者即大学生价值认同与践行现状深刻了解和理性评价的基础上，尤其是践行现状。因此，加强对大学生价值观践行现状的调查并进行深入、精准的分析很有必要。这方面的研究难度不大，过去这些年跟踪一批批大学生的研究成果也不少。面向新生代大学生的研究可继承创新、比对观照，但在研究中还是要充分认识和精准定位大学生的价值观形成的独特性，特别要加强对"00后"大学生价值观影响因素、代际特点和存在问题的研究。

二是要深化融媒时代社会主义核心价值观教育话语表达范式和策略研究。话语表达作为教育方法的重要载体而与教育效果紧密相关。面对活跃于融媒空间的"00后"大学生，必须深入研究适合主体需求和时代场景的社会主义核心价值观教育话语表达范式和策略，这是新时代高校社会主义核心价值观教育如何增强渗透力和实效性的迫切诉求。早在2016年全国高校思想政治教育工作会议上，习近平总书记就对社会主义核心价值观教育话语表达范式提出了明确要求："要运用新媒体新技术使工作活起来，推动思想政治工作传统优势同信息技术高度融合，增强时代感和吸引力。"[①] 融媒时代信息驳杂纷繁，价值形态混沌多样，话语喧嚣多变。社会主义核心价值观教育如何搭上新技术"快车"，调整表达方式，把握表达力度，与潮元素及新语态相结合，让主流价值观内容活起来、平台动起来、形式炫起来，都需要深入研究和反复实践。

---

① 习近平：《习近平谈治国理政》第2卷，外文出版社2017年版，第378页。

(二) 全面提升高校社会主义核心价值观教育者的创新能力和学科素养

教育和其他领域一样，人始终是决定性因素。"办好思想政治理论课关键在教师，关键在发挥教师的积极性、主动性、创造性。""有了我们这支可信、可敬、可靠，乐为、敢为、有为的思政课教师队伍，我们完全有信心有能力把思政课办得越来越好。"① 作为思政课重要组成部分的社会主义核心价值观教育，创新的力量源泉和关键也在这支队伍。按照2016年全国高校思想政治工作会议的部署，教育部近几年狠抓高校思政课教师队伍建设专项工作，就是着力于此。经过几年建设，高校思政课教师"敬业投入、立德树人作用显著，学生满意度高、获得感较强"②。可以说，队伍素质的提升也是近年高校社会主义核心价值观教育取得巨大成就的关键。在学校思政课教师座谈会上，习近平总书记对思政课教师提出的"六要"素质和能力要求，对新时代高校社会主义核心价值观教育创新队伍同样适用。只有高素质、专业化成为教师的标配，教师政治素质、业务能力、育人水平有了全面提升，社会主义核心价值观教育的成效才能充分显现出来。必须强调指出的是，思政课教师尤其是青年教师业务成长和素质提升的一个重要途径，是对前辈成功经验的虚心学习和系统传承。改革开放以来，"广大思想政治理论课教师不断适应新形势和新要求，不断拓展和深化思想政治理论课教学方法，思想政治理论课教学方法取得了明显进步和发展"③。只有站在前人的肩膀上，我们才能攀爬得更高，行进得更远。

当前，高校社会主义核心价值观教育无论是在思政课堂上还是在从事日常思想政治工作的辅导员队伍中，都是以年轻教师为主体。提升这支队

---

① 张烁：《用新时代中国特色社会主义思想铸魂育人 贯彻党的教育方针落实立德树人根本任务》，载《人民日报》2019年3月19日第1版。

② 胡浩、施雨岑：《打牢学生成长成才的科学思想基础——全国高校思想政治工作会议以来学校思想政治理论课建设综述》，见中华人民共和国教育部网站（http://www.moe.gov.cn/jyb_xwfb/s5147/201903/t20190317_373816.html），2019年3月17日。

③ 余双好：《改革开放以来高校思想政治理论课教学方法的创新发展》，载《思想理论教育导刊》2018年第10期，第9页。

伍的学科素养迫在眉睫。只有进一步强化社会主义核心价值观教育的思想性、学理性和知识性，才能以真理的无尽魅力服人。"必须要有强有力的学科支撑，缺乏学科支撑，思想政治工作往往缺少后劲和可持续性。"[①]新时代高校社会主义核心价值观教育开拓创新也应当在这方面进一步努力。当代大学生生活于融媒时代，空洞乏力的说教只能让他们表面顺从，内心依然坚定自己既有的价值理念。首先，教育工作者要深入社会现实，扎实进行社会实践和考察，用活生生的、火热发展的社会现实来证明社会主义核心价值观的学理性，用亲历见证来增强理论的说服力。只有这样，政治性和学理性才能真正统一、融合。只有基于这样的认识高度，社会主义核心价值观教育工作者才能以自身之实践引领学生的实践，以自身对中国成就认识的高度和广度，带领学生拓展价值认识和践行的高度和广度。其次，教育工作者必须勇于面对学生价值观念的差异性和层次性，用自身深厚的学科涵养、学术魅力改变学生的一些狭隘甚至错误的观念和行为。这就要求教育工作者一定要从逻辑理路上对价值观的发展形态进行历史溯源。大学生只有具备一定的社会主义核心价值观学识认同和理论素养，才能结合时代境遇解决价值观上的困惑，践行社会主义核心价值观才有坚实的思想基础。最后，提升社会主义核心价值观教育的思想性、学理性和知识性，固然需要政治话语和学术话语，但在把准政治话语和学术话语的前提下，思想政治教育工作者还要培养跨界叙事能力，追求微言大义，善用大众话语和网络话语，掌握跨样态教育手段，这样才能真正成为主流价值观的传播者和引领者。

（三）深入探索、勇于创新大学生社会主义核心价值观实践养成路径

习近平总书记反复强调，社会主义核心价值观教育不能流于形式，而要真正地渗透进受教育者的生活中。实践养成一定是高校社会主义核心价值观教育"外化于行"的必经之路。但教育者如何设计、组织、引领和监督受教育者放下教材，走出课堂，将社会主义核心价值观落实到日常生活中，从而进行真实有效的价值观实践养成？这方面还需要大力探索和实

---

① 艾四林：《充分发挥马克思主义理论学科在协同育人中的作用》，载《学校党建与思想教育》2017 年第 12 期，第 20 页。

践。此外，促进大学生社会主义核心价值观实践养成的实践场所又在哪里？大学校园当然是，但肯定远远不够。大学生社会主义核心价值观实践养成的社会生活平台如果止于校园，就只是模拟或者说是净化过的社会生活场景。作为即将踏入社会的青年，应该将社会主义核心价值观践行场所辐射到高校所在城市广阔的公共空间中。只有在广阔、鲜活、瞬息万变的社会真实场景中，大学生培育和践行社会主义核心价值观的深度、高度和真实度才能得到体现和提升。因此，在高校层面，带领大学生走出校园，走进社区，走向社会，从实践养成维度挖掘区域资源优势，促进社会主义核心价值观培育和践行，是当前的重点，也是难题所在。各地高校应该主动走出去，充分利用本区域丰富的社会主义核心价值观教育资源，开展研究探索和创新实践，发挥潜移默化的文化浸润和日积月累的生活体验对促进大学生社会主义核心价值观实践养成的引领和助推作用。利用高校所在地丰富的社会、人文、历史资源，促进大学生社会主义核心价值观实践养成，不仅具有相当的典型性和示范性，对全国其他省市的高校具有借鉴和参考价值，而且具有地域特色和现实主义风采，为大学生社会主义核心价值观实践养成提供了多样化且成本较低的实践场所，为全员化、全程化的实践养成提供了可能，也为组织开展形式多样的社会主义核心价值观养成活动提供了鲜活的生活场景。

三、结语

总之，"办好思想政治理论课关键在教师，关键在发挥教师的积极性、主动性、创造性"。做好新时代大学生社会主义核心价值观教育和引领工作同样靠这支队伍的积极性、主动性、创造性。"有了我们这支可信、可敬、可靠，乐为、敢为、有为的思政课教师队伍，我们完全有信心有能力把思政课办得越来越好。"新时代高校社会主义核心价值观教育又何尝不是如此呢！把准大学生的思想脉搏，做好大学生价值追求的守护者，当是新时代高校社会主义核心价值观教育工作者的共同使命和责任担当。

参考文献：

[1] 张烁. 用新时代中国特色社会主义思想铸魂育人 贯彻党的教育方针落实立德树人根本任务［N］. 人民日报，2019-03-19（1）.

[2] 习近平. 习近平谈治国理政：第2卷［M］. 北京：外文出版社，2017.

[3] 胡浩，施雨岑. 打牢学生成长成才的科学思想基础：全国高校思想政治工作会议以来学校思想政治理论课建设综述［EB/OL］.（2019-03-17）[2020-05-03]. http://www.moe.gov.cn/jyb_xwfb/s5147/201903/t20190317_373816.html.

[4] 余双好. 改革开放以来高校思想政治理论课教学方法的创新发展［J］. 思想理论教育导刊，2018（10）：9-15.

[5] 艾四林. 充分发挥马克思主义理论学科在协同育人中的作用［J］. 学校党建与思想教育，2017（12）：20-21.

价值理论与现实生活
高校社会主义核心价值观教育如何应对

内容提要：社会主义核心价值观作为社会主义中国当前制度设计、政党决策、文化发展、公民教育的价值依托，是一种高屋建瓴、言简意赅的科学意识形态。它虽然要以日常生活为始源，或者说日常生活是其重要居所，但它与日常生活发展逻辑有着本质的不同，具有理论的普遍性、概括性、抽象性和高瞻远瞩性。因此，如何缓解价值理论的未来性、宏大性、普遍性与日常生活的当下性、实用性、情境性之间的冲突，是面向大学生的社会主义核心价值观教育迫切要应对的问题。

高校如何加强社会主义核心价值观教育，从根本上而言，回答的是中国大学的人才培养方向，即大学"为谁培养人，培养什么人"的问题。培养大学生接受社会主义核心价值观并促使其积极践行社会主义核心价值观，在高校的整体工作架构中，毫无疑问属于大学生思想政治教育范畴。近年来，各高校在"大思政"的框架内，以思政课为主阵地和主渠道进行引导，开拓了大学生思想政治教育的全新局面。然而，由于众多因素的影响，高校社会主义核心价值观教育的实效性、针对性依然面临不少问题，需要进一步优化思路。

一、价值认同层面，尽力缩短理论与现实之间的距离

社会主义核心价值观作为社会主义中国当前制度设计、政党决策、文化发展、公民教育的价值依托，是一种高屋建瓴、言简意赅的科学意识形态。它虽然要以日常生活为始源，或者说日常生活是其重要居所，但它与日常生活发展逻辑有着本质的不同，具有理论的普遍性、概括性、抽象性和高瞻远瞩性。因此，如何缓解价值理论的未来性、宏大性、普遍性与日

常生活的当下性、实用性、情境性之间的冲突,是面向大学生的社会主义核心价值观教育迫切要应对的问题。要解决这个问题,可尝试从以下三个角度再努力。

(一)尽量使社会主义核心价值观教育的思想内容贴近大学生的日常生活

包括贴近当代大学生的思想实际、贴近当代青年的话语体系、贴近当前社会现实。当然,具体的方法多种多样,但主导的思路是:将24字精准、理性的价值理论与生动、感性的现实生活无缝衔接,将宏观的国家层面的政治需要与微观的学生个人发展诉求紧密结合,赋予高屋建瓴、抽象枯燥的理论情感和生命力,从而实现熏陶、感化、理解、认同。不可否认,在高校有不少思想政治教育工作者已经达到这样的境界和水平,他们能够娴熟而精准地把社会主义核心价值观内容与当下的中国现实、学生实际紧密结合,以理服人,以情动人,将社会主义核心价值观教育融入每一次的理论教学和实践教学中。但由于整支队伍素质参差不齐,不得不承认,确实有一部分思想政治教育工作者的理论素养和教学能力还比较弱,在社会主义核心价值观教育教学方面存在严重的抽象化、形式化、说教化弊病,招致学生反感。要提升这部分思想政治教育工作者的水平和能力,在教育部、省区市层面,要多组织高质量的师资培训。首先,通过培训,让从教者对社会主义核心价值观有透彻的理解和切身的践行;其次,通过培训,开展高水平的教学研讨交流,在方法论层面交流提升、和谐共进。这些都是很有效的。在高校层面,通过青年教师导师制度、示范课观摩等实施以老带新,从而全面提升教育工作者的水平,这是很有成效的做法。

(二)有意识地引导大学生改变短视、实用主义的工具理性思维

今天的大学生比较看重专业技能和物质收益,不太重视思想素养和精神生活。环境的影响是主因。因此,要有根本的改变,光凭思想政治教育工作者,甚至光凭高校都不可能有大的效果,根本在于改变社会上相当一部分人的功利主义和实用主义等不良风气。但是高校领导也应该有高远的眼光和开阔的视野,从思想到行动上切实重视社会主义核心价值观教育,

在人、财、物上为思想政治教育提供保障。目前，不少高校尤其是高职院校对社会主义核心价值观建设可能存在口头上、思想上重视，制度上、行动上忽视的状况，假借学生的呼声压缩思想政治教育的课时、经费等，这种状况与中国大学的办学理念是不相符的。可想而知，如果教育工作者都极其短视、功利，缺乏道德情怀和社会责任，在思想上认为社会主义核心价值观是与己无关的意识形态的需要，又怎么可能让受教育者接受并且践行社会主义核心价值观？

（三）积极引导大学生有意识地摒弃简单的经验论，涵养科学精神

和社会其他人群一样，大学生在日常生活和学习实践中，其生活状态往往有着一定的保守性和惰性，行为选择具有路径依赖，在现实生活情境中遇到事情，往往不愿多去揣摩与思索，而倾向于依靠过往经验和社会常规来解决。然而，社会主义核心价值观是立足现实而面向未来的崇高价值观，它虽然也有来源于国家政治生活、公民社会生活和个体日常生活的现状描述，但更多的是超越现实、指向未来的价值引领：在国家发展层面，希望引导大学生自觉投身于富强、民主、文明、和谐的中华民族伟大复兴建设洪流中；在社会权利层面，希望引导大学生理性追求自由、平等、公正、法治的基本权利；在公民伦理层面，希望引导大学生自觉遵守并身体力行爱国、敬业、诚信、友善的社会主义道德规范。三个层面24字的价值观概括具有强烈的理论凝练性、抽象性和普遍性，仅凭简单的生活经验而不借助科学精神是不可能透彻理解，更不可能切身践行这一价值观的。人性中一定的保守性和惰性，加之成长于读图时代，当代大学生即使身为求新、求异的年轻人，也不愿过多费神研究看起来枯燥、单调、"阳春白雪"式的社会主义核心价值观。然而，经验论不适合面向未来的朝阳社会。作为从事人文社会科学大类中的思想政治教育者，必须向大学生传达这样的理念：在校期间乃至在漫长的人生中，都应该加强人文科学的修炼，涵养自身的科学精神，学会运用哲学、历史等方面的知识和比较、推理等方法考察社会、分析人生、应对世界。社会主义核心价值观作为一种价值体系和理论，非常需要无偏见的科学精神来捍卫和传承，因为没有科学，又何来主义？没有科学的价值分析，何来理性的价值认同？没有理性的价值认同，又何来心甘情愿的价值践行？

二、文化支撑层面，还需从深厚的中华传统文化与价值观中汲取精华

一种价值理念的倡导要成为社会的核心价值并在现实生活中切实地成为某个群体大多数成员的行动指南，必须具备的一个要素是：符合这个群体的文化认知、生活习惯以及社会心理，能够引起这个群体的文化认同与情感共鸣。社会主义核心价值观能够在多大程度上被大学生真正认同与践行，要看大学生对显性价值背后蕴含的隐性文化是否认同和接受。

（一）中华五千年传统文化和历代积累的丰厚价值遗产，是社会主义核心价值观的精神血脉

一个国家、一个民族的核心价值具有强烈的连续性。中华民族五千多年文化未曾中断的根本原因正是其核心价值的连续性。今天中国的核心价值体系和核心价值观建设当不例外。割裂历史，价值观就成了无源之水、无本之木。从某种意义上讲，文明就是以价值信仰为核心和纽带而建构的生存共同体，价值建设就是顺应时代的发展在文化传承中筑牢民族的精神家园。因此，在今天高校的社会主义核心价值观教育中，中国传统社会价值体系中的合理因素值得我们学习、借鉴、传承。这些价值智慧和文化智慧，历经岁月的检视，极富科学性和真理性，不可盲目漠视。社会主义核心价值观建设和核心价值观培育如果不能吸纳和传承这种集体精神品质，那么不仅会割断历史，更会与现实世界人们的思想价值理念相背离，让人无所适从，甚至造成价值观混乱、道德冲突和信仰迷失。

（二）引导大学生向内发力，深入学习祖国优秀的传统文化和历代积累的丰厚价值遗产

要引领大学生认同社会主义核心价值观，培育和践行社会主义核心价值观，应该从整体文化建设的角度入手，引导大学生向内发力，在锻造专业技能的同时，全面提升学识素养、道德素养和历史学养。有了隐性的文化铺垫，显性的价值才有了依托和附丽，因为文化不仅是一种存在，更是一种信仰。因此，面向大学生开设国学课很有必要。大学生如果内在地有

了优秀传统文化和丰厚价值精华的积累和铺垫，对与传统文化和价值精华一脉相承的社会主义核心价值观的认同、培育与践行就是水到渠成、顺理成章的事。

三、方法运用层面，注重对世界其他国家和民族价值观教育经验的学习、借鉴

在当今世界，对中国特色社会主义具有借鉴意义的是世界其他国家尤其是广大的发展中国家，当然，也包括发达资本主义国家。以一种开放的胸怀检视包括西方资本主义在内的人类创造的一切文明成果，学习与借鉴其合理之处，是发展中国特色社会主义的需要。今天，这种学习和借鉴主要包括以下几个方面。

（一）大学生社会主义核心价值观教育要有开放性和超越性

开放性是思想文化和价值观多元时代背景下的积极应对手段。在"乱花渐欲迷人眼"的多元思潮的背景下，社会主义核心价值观作为大学生思想政治教育的主旋律，面临着前所未有的新挑战和新困难，只有具备开放包容的胸襟和气魄，才能更好地弘扬主旋律。如果在教育过程中只是唯我独尊地将复杂问题简单化，后果往往是思政课教师越强调的、越强行灌输的，大学生就越反感甚至越怀疑和反对。因此，思想政治教育工作者面对社会上各种价值观念和社会思潮，已经没有躲避之处，须用马克思主义的立场、观点和方法进行全面、客观、理性的分析，让大学生在深入学习思考的过程中认清各种思想流派的起源流变、精神实质，并逐步提高鉴别、甄辨的能力。总之，绕开社会思潮和复杂现实，就离开了大学生关心的现实热点，教育就只是空洞的自说自话。只有直面各种思潮的不同影响，才能准确把握教学重点，进而增强社会主义核心价值观教育的针对性和实效性。

（二）社会主义核心价值观教育当尊重个体性和差异性

社会主义核心价值观作为国家工程，固然要关注当代中国的基本国情和现实需要，但绝不应只是国家和政府工程，它更是生命个体的心灵工

程。而且比之国家价值工程,大学生个体的"价值操练"更值得提倡,因为如果只指向群体和宏观而不关注个体和微观,社会主义核心价值观就只是空中楼阁。这里要严格区分并尊重个体认同的差异性。也就是说,对当代大学生进行社会主义核心价值观教育,要充分关注和尊重大学生的个体选择。由于自身年龄、性别、家庭环境、受教育程度等的差异,当代大学生并不是铁板一块,而是具有鲜明个体特征的一个群体。这导致其在认同和践行社会主义核心价值观时,在程度方面呈现出三种状态:高度认同和高度践行、高度认同和中度践行、中度认同和低度践行。作为思想政治教育工作者,不仅要了解这些不同,还要正视这些差异,并且正确划分三者的界限,做到既突出宣传和倡导社会主义核心价值观,又尊重个体认同差异,同时,积极进行培育和引导。只有这样,教育才能成为一种潜移默化的感召,才能打动人心,而不是强行灌输。

（三）社会主义核心价值观教育要做到情感陶冶与实践修炼并重

调研显示,高校社会主义核心价值观教育受教师主导性的影响,还是存在重理论灌输、轻实践修炼的弊病。从传播学的角度而言,没有受教育主体不同程度的参与,教育传播活动就等于没有发生。所以,主体的参与是关键的一环。在参与实践的过程中,要尊重大学生的选择权、知情权、表达权甚至反对权等,以保证大学生对这个问题的持续关注。

四、载体拓展层面,主动适应并积极占领自媒体、新媒体空间

随着新媒体以及自媒体的出现,高校社会主义核心价值观教育在顺势而为的同时,也面临许多新问题,主要包括教育环境呈现出多维性、复杂性和开放性的特点,教育载体呈现出传统与现代并存、非主流意识思潮扩张迅速的特点,等等。那么,该如何积极应对呢?

（一）强化大学生的思想政治自我教育

新媒体时代,借助直观的图像等更容易接收的感性形式,有助于教育

内容被学生第一时间感知和接收,而非直接跨越到理性认识层面,这为大学生自我教育提供了空间。要做好这方面的工作,思想政治教育工作者应该提高信息化能力和水平,推动信息技术与教育教学的深度融合,如开发教育教学工具类软件系统,录制精品开放课程和短小精致的微课,通过大学生普遍运用的移动终端,随时随地帮助大学生加强社会主义核心价值观的自我学习、自我教育、自我省思。

(二)让社会教育参与到高校教育的过程中

这是高等教育信息化发展的必然趋势,也是教育对象——大学生社会化程度不断提高的必然趋势。新媒体的日新月异推动思想政治教育加速向社会化方向改革和发展。具体到大学生社会主义核心价值观教育,关键是要融入大学生未来的工作与生活中,以此改变思想政治教育与专业学习、业务发展脱离的现状。要打破校园教育与社会教育的藩篱,信息化社会为其提供了前所未有的条件。

(三)推动静态教育向动态教育发展

由于技术的局限,过去高校思想政治教育多是学习各种理论教材和读物,而且是以课堂讲授为主渠道向大学生传授。这种静态教育方式既使人群受限,也使得教育内容的流动性较差。在自媒体盛行、"微浪潮"蓬勃发展的今天,社会主义核心价值观教育可以互联网、移动终端为媒介进行传播,不仅流动性、时效性大大增强,而且时空的限制大大弱化,可视化的内容更让抽象的理论流动、活泼起来。这种动态教育方式使枯燥的理论容易被理解和接受,比纯粹的静态教育方式的效度好了不知多少倍。在2020年上半年疫情期间各高校进行的线上教学,充分显示了动态教育的勃勃生机和显著效果。因此,高校思想政治教育工作者在社会主义核心价值观教育过程中,当顺应形势,积极跟进,开拓和创造更为新颖、互动的思想政治工作载体,构筑起一个师生之间更为民主、平等和自由的价值交流和对话空间。

参考文献：

[1] 韩震. 社会主义核心价值观五讲 [M]. 北京：人民出版社，2012.

[2] 费聿辉，李纪岩. 不同社会制度下核心价值体系建设的经验与启示 [J]. 齐鲁学刊，2014（2）：67–72.

[3] 李岩，曾维伦. 网络阅读对传播社会主义核心价值体系的影响与对策研究 [J]. 河海大学学报（哲学社会科学版），2012（3）：9–12.

价值观建设与国家治理
疫情防控下如何融通

内容提要：2020年新冠肺炎重大疫情防控，是对国家治理和社会主义核心价值观建设的双重考验和检验。社会主义核心价值观建设融入国家治理范畴，在提升其价值权威的基础上，有效地发挥了核心价值观的精神指引功能。疫情防控中，社会主义核心价值观建设融入国家治理范畴，对各级治理者而言，重点是提升思想政治素质和道德法治素养；着眼于社会公众，重点则在于强化其科学精神、国民素质和规则意识。社会主义核心价值观建设与国家治理现代化融通交汇、相向而行、互促互进，共同推动新时代中国的政治文明不断创新发展。

党的十九届四中全会通过的《中共中央关于坚持和完善中国特色社会主义制度 推进国家治理体系和治理能力现代化若干重大问题的决定》（以下简称《决定》）是把我国制度优势和文化优势更好地转化为国家治理效能的指导性文件。《决定》指出："发展社会主义先进文化、广泛凝聚人民精神力量，是国家治理体系和治理能力现代化的深厚支撑。"这一重大论断为促进国家治理与社会主义核心价值观建设融通提供了深刻的理论支撑。我国新冠肺炎疫情防控取得巨大成绩，一方面充分展示了我国国家治理的巨大效能，另一方面证明了二者融通的必要性和意义。

一、社会主义核心价值观建设融入国家治理范畴，在提升其价值权威的基础上，有效地发挥了核心价值观的精神指引功能

核心价值观属于思想、精神、文化等国家软实力层面的范畴，是一个国家、一个民族的灵魂归依和精神标识。核心价值观是国家治理之魂，国民社会行为和国家治理效能都受价值观潜移默化的影响和制约。一个国家

的治理体系和治理行为与其价值传承和文化传统密切相关。在疫情防控中，国家治理行为的作用和效果是显性外在的，而国民价值观念变迁所产生的影响是隐性内在的。

（一）加强社会主义核心价值观建设，为国家治理层面的疫情防控工作提供了思想和民意保证

国家治理现代化为国民价值观念革新赋能，而国民价值观念的升华优化又可转化为国家治理效能，二者良性互动、相向而行。所以，弘扬社会主义核心价值观是国家治理现代化的必然要求，关系着"中国之治"的推进和"两个一百年"奋斗目标的实现。

社会主义核心价值观如何融入国家治理现代化进程？毫无疑问，学习、宣传、教育是重要途径。但仅靠学习、宣传和教育，并不能确保社会主义核心价值观对全体社会成员的社会生活和价值观念产生影响，更不能确保其融入制度层面和国家治理过程。当务之急是使社会主义核心价值观建设的内容、目标、要求和实施方案制度化，并融入国家治理的各方面和全过程。柔性引导和刚性规范相结合，宣传教育和惩戒警示并行，才能更好地彰显价值权威，强化社会认同，发挥精神指引功能。在新冠肺炎疫情防控总体战、阻击战中，党中央正是以社会主义核心价值观凝聚了全社会的力量，坚定了全国人民的信心和决心，从而保证了令行禁止，为疫情防控工作提供了巨大的思想和民意保证。

（二）在疫情防控中同步推进社会主义核心价值观建设，进一步促进 14 亿国民坚定"四个自信"

中国特色社会主义是全面发展、与时俱进的社会主义，既需要不断推进国家治理体系和治理能力现代化，也需要不断探索和丰富社会主义在精神和价值层面的本质规定性。国家治理者不仅需要带领国民奋力实现社会物质生活方面的目标，更需要为国民指出现实生活的价值遵循，并指明未来社会精神价值之归宿。社会主义核心价值观建设之于国家治理进程，是铸魂工程。

在中国前行的关键时期发生这样的重大疫情，对中国共产党、中国政府都是严峻而重大的考验，说是一场没有硝烟的战争毫不为过。梳理总结

我国的疫情防控工作,对国家治理现代化进程来说,收获的经验和信心都是巨大的。这次重大疫情防控阻击战的成果,是中国实力的验证以及巨大能力和能量的彰显,也再一次验证了中国特色社会主义的制度优势和国家治理效能。打赢疫情防控阻击战,更加坚定了全体国民对中国特色社会主义制度、道路、理论和文化的自信,进一步提升了社会主义核心价值观之权威性和社会认同度,在化解社会矛盾中进一步凝聚了社会价值共识。疫情防控中各项工作的顺利推进,在某种程度上就是对人心向背的考验和政府执行力的验证。当前虽然外防输入压力依然很大,但我国疫情防控取得的巨大成绩,必将极大地增强人民群众对党和政府执政能力的信心,极大地鼓舞党中央和全国人民最终全面打赢这场总体战、阻击战的信心和决心。历经疫情防控的巨大考验,中国人民更加坚信,只有共产党领导的中国,才能应对任何大灾大难。

(三)在疫情防控和国家治理中融通社会主义核心价值观建设,进一步展现了中国的良好国际形象,增强了社会主义意识形态的竞争力

这次重大疫情防控,进一步促进了世界对中国倡导和秉持的人类命运共同体这一价值理念更深刻的认识和更普遍的践行。在疫情防控中,一方面,中国阻击疫情的战绩和应对困难挑战的执政能力显示了大国大党的责任与担当,更让世界看到负责任的大国执政党和政府的治理能力和效率,再一次见识了中华民族的凝聚力和向心力。另一方面,中国与世界同舟共济、守望相助、共抗疫情,诠释和展现的正是中华民族千百年来代代相传、生生不息的价值遵循。疫情暴发之初,众多国家和人民为中国加油;疫情在世界蔓延时,中国尽己所能,或捐资助物,或派遣医疗队,与各国人民风雨同舟、同仇敌忾。世界卫生组织总干事谭德塞高度评价中国在疫情防控中的表现:"中方采取的措施不仅是在保护中国人民,也是在保护世界人民。""中方行动速度之快、规模之大,世所罕见,展现出中国速度、中国规模、中国效率,我们对此表示高度赞赏。这是中国制度的优势,有关经验值得其他国家借鉴。"① 2020 年 2 月 7 日,习近平总书记应

---

① 王远:《习近平会见世界卫生组织总干事谭德塞》,载《人民日报》2020 年 1 月 29 日第 1 版。

约同时任美国总统特朗普通电话时强调，在疫情防控中，"中方不仅维护中国人民生命安全和身体健康，也维护世界人民生命安全和身体健康"，"流行性疾病需要各国合力应对"。① 2020 年 2 月 5 日，习近平总书记会见特意来华访问的柬埔寨首相洪森。在谈到疫情防控时，习近平总书记说，"中国党和政府本着对中国人民和国际社会高度负责的态度，采取了最彻底、最严格的防控举措"②。在疫情防控的关键时刻洪森首相来访，诠释的正是国与国交往中用行动落实人类命运共同体这一价值理念。2020 年 5 月 18 日，习近平总书记在第 73 届世界卫生大会视频会议开幕式上致辞，再次强调中国将始终秉持人类命运共同体理念，既对本国人民的生命安全和身体健康负责，也对全球公共卫生事业尽责，并呼吁各国携起手来，共同构建人类卫生健康共同体。中国的行动与措施，既是中国特色社会主义大国大党良好形象的展示，也是包括社会主义核心价值观在内的国家文化软实力日益强大的印证。

但是，在此过程中，也有一些西方国家的政客借疫情制造意识形态偏见，攻击、诋毁中国。在人类命运共同体理念已成为国际社会共同的价值追求时，这些意识形态偏见反映的恰恰是价值观的分歧与竞争，不容小觑。这些声音也警示我们，无论是在当前的疫情防控还是未来漫长的国家治理现代化进程中，都要同步着力于本国的核心价值观建设，增强社会主义核心价值观的影响力和感召力，努力维护国家的良好形象和意识形态安全。在价值观之争日趋激烈的国际舞台上，打破西方的话语垄断和舆论垄断，在百年未有之大变局的国际舞台上掌握话语权，赢取主动权，从而全方位地维护国家意识形态安全和增强国家文化软实力，当是我国国家治理现代化的题中之义。

总之，疫情防控的"危"同时也是"机"，将进一步促进社会主义核心价值观建设全面融入国家治理现代化进程，在提升其价值权威的基础上，进一步发挥核心价值观对国家治理的持久精神指引动能。这对国家治理体系和治理能力现代化的整个进程而言，都是必然的要求。

---

① 《习近平同美国总统特朗普通电话》，载《人民日报》2020 年 2 月 8 日第 1 版。
② 《习近平会见柬埔寨首相洪森》，载《人民日报》2020 年 2 月 6 日第 1 版。

二、社会主义核心价值观建设融入国家治理范畴，对各级治理者而言，重点是提升思想政治素质和道德法治素养

"国家治理体系和治理能力是一个国家的制度和制度执行能力的集中体现。"① 国家治理现代化的程度，无论是治理体系还是治理过程，很大程度上取决于治理者的素质，包括治理者的观念、知识、能力、品质等。回看疫情防控工作，社会主义核心价值观建设对各级治理者而言，以下几方面是核心素质和要求。

（一）社会主义核心价值观建设融入国家治理范畴，对各级治理者而言，必须坚持以人民为中心的治理理念

以人民为中心、以人民利益为主体是社会主义核心价值理念的根本原则和基本立场，也是其区别于其他政党和阶级的核心价值理念的主要标志。在这次重大疫情防控战中，习近平总书记强调，各级治理者"必须牢记人民利益高于一切"，要"不忘初心、牢记使命"，要"始终把人民群众生命安全和身体健康放在第一位"。武汉"封城"，学校延期开学，建临时隔离医院，都是为了人民的健康。正是人民健康至上的价值理念，让国家治理的决策者们在2020年春节前异常果断、异常及时、异常有力地做出了一系列疫情防控的重大决策和执行举措，从而避免了一场疫情灾难。作为世界第二大经济体和第一制造大国，这些措施诚然会带来一时的经济损失，但为人民服务就是中国共产党的执政宗旨，以人民为中心就是中国国家治理的基本价值理念。中央对本次疫情防控战的定位从一开始就是"人民战争"。因此，疫情防控全程要求广泛动员群众、组织群众、凝聚群众，从而构筑起群防群治的严密防线。

人民是历史的创造者。只有依靠人民，才能切实发挥社会主义的制度优势和中国政府的治理效能。在此意义上，社会主义核心价值观建设至关重要。以人民为中心的国家治理体系和治理能力现代化，必须以增进社会团结和谐为最大公约数。因此，平等、公正、民主、和谐体现的都是以人

---

① 习近平：《习近平谈治国理政》第1卷，外文出版社2018年版，第105页。

民为中心的价值共识,也是中国共产党和 14 亿人民群众共同追求的崇高价值。这些核心价值目标和追求只有融通于国家治理现代化的全过程和各个方面,才能成为国家制度文明的重要内涵和本质要求。

(二)社会主义核心价值观建设融入国家治理范畴,对各级治理者而言,必须坚持党的集中统一领导

党政军民学、东西南北中,党是领导一切的。《决定》明确指出,中国共产党领导是中国特色社会主义最本质的特征,是中国特色社会主义制度的最大优势,党是最高政治领导力量。"三个最"凸显了坚持党的集中统一领导是我国国家治理的鲜明特色和最大优势。社会主义核心价值观的基本内容之一"爱国"的题中之义就包含"爱党"。因为在当代中国,爱国只有和爱党、爱社会主义相统一,才是鲜活的、真实的。所以,身为各级治理者,坚持中国共产党的集中统一领导是基本的政治素养要求。

在这次疫情防控中,党中央成立了应对疫情工作领导小组,并先后多次召开重要会议,还专门印发了《关于加强党的领导、为打赢疫情防控阻击战提供坚强政治保证的通知》。各地区也成立了党政主要负责同志挂帅的领导小组。正是有了党中央的坚强领导,才保证了疫情防控全国一盘棋,各级党政军群机关和企事业单位全力奋战、各司其职,广大医务人员无私奉献、英勇奋战,广大人民群众众志成城、团结奋战,从而在全国形成全面动员、全面部署、全面防控的局面。中国特色社会主义制度的最大优势,就是中国共产党的领导。社会主义中国的核心价值观建设,也必然以坚持和加强党的领导为主线,必须厘清、讲透这一制度优势。在国家治理体系和治理能力现代化进程中,将核心价值观建设与其融通,一个重要内容就是坚定各级治理者的中国特色社会主义共同理想信念,强化党员的党性修养。疫情汹涌之际,正是依靠党中央坚强有力的集中统一领导,依靠各级治理者无畏无惧、敢于担当,依靠全国人民大局为重、共同努力的精神,并经过艰苦卓绝的努力,中国才有力地扭转了疫情局势。

(三)社会主义核心价值观建设融入国家治理范畴,对各级治理者而言,必须从德和法两方面规制责任和职责

责任和职责,对各级治理者而言,是一个核心价值理念。当前,防控

疫情仍是各级治理者的重大责任担当和初心使命所在。抓好疫情防控不反弹,复工复产有成效,事关人民群众的生命安全和身体健康,事关国家经济社会发展大局。在疫情防控中,以习近平同志为核心的党中央反复强调,对各级治理者而言,不论在哪个岗位,担当什么职位,都必须坚守岗位,靠前指挥,深入防控疫情第一线。"疫情就是命令,防控就是责任。"各级党政干部特别是主要领导干部要做到守土有责、守土担责、守土尽责。

社会主义核心价值观对各级治理者的要求,还不仅仅局限于职责和责任,更全面的要求是"大德",以德为全面规导。习近平总书记指出:"核心价值观,其实就是一种德,既是个人的德,也是一种大德,就是国家的德、社会的德。国无德不兴,人无德不立。"① 所以,对大国大党的治理者而言,必须以德为基础,以法为保障。也就是说,包括职责和责任在内的核心价值理念,对大国大党的治理者,不能只是道德倡导层面的要求,还必须上升或强化为党纪和国法。一旦有违,不能只是进行舆论谴责,还必须使其承担法律后果。作为社会主义核心价值观重要内容的法治,是推进国家治理体系和治理能力现代化的基本方式和重要路径。

《决定》强调,提高治理能力是新时代干部队伍建设的重大任务。要通过加强思想淬炼、政治历练、实践锻炼、专业训练,推动广大干部严格按照制度履行职责、行使权力、开展工作,提高推进"五位一体"总体布局和"四个全面"战略布局等各项工作的能力和水平。将社会主义核心价值观建设融入国家治理范畴,着眼的正是对各级治理者通过思想淬炼和政治历练,提升其思想政治素质和治理能力,从而为推进国家治理体系和治理能力现代化贡献智慧和力量。

三、社会主义核心价值观建设融入国家治理范畴,着眼于社会公众,在于强化其科学精神、国民素质和规则意识

回望历史,这次疫情与中国历史上发生过的重大瘟疫相比,造成的损失并不算太大。但现代社会交通之发达、人与人之间交往之频密,以及网络通信传输之快捷,使得疫情扩散和消息扩散的速度达到历史之最。因

---

① 习近平:《习近平谈治国理政》第 1 卷,外文出版社 2018 年版,第 168 页。

此，庞大的社会公众的科学精神、思想素质和规则意识，关乎疫情防控的最后效果。

（一）客观理性之科学精神

2020 年大多数国人所经历的，也许不仅是一场疫情，也是一次科学素养和理性思维的重塑。长时间的疫情防控，其间又经历春节、清明节、五一劳动节等假期，不出门，不与外人接触，对喜欢群聚的人类来说，是一个重大的考验。对有 14 亿人口的大国而言，挑战更显艰巨。光有治理者的强制管理措施，肯定做不到。在对病毒传播和疫情防控科学认识的基础上形成的理性理智，是 14 亿人能够自觉自律留守家中、实施隔离的最大动因。没有科学理性精神的人，其行为多势必失范；没有具有科学理性精神的国民群体与之配合，任何一国的治理现代化都是妄谈。科学精神是一个现代公民必备的核心价值要素。在任何一国的国家治理现代化进程中，科学精神都应该是治理范畴中的刚性要求。这次重大疫情防控，对民众来说，不仅是一次医学常识普及，更是一种科学精神培养。很多时候，科学贫瘠和理性缺失比疫情更可怕。没有科学精神，就会因对疫情无知而心存侥幸；没有理性思维，就容易局限于事件的社会表象而不去思考疫情背后的医学本质。如果个体这样，也许影响有限；但对偌大的国家来说，就会是社会灾难。所以，科学素养和精神对推进国家治理现代化进程的影响是深远和不可估量的。要推进国家治理现代化，国民科学精神的养成必须未雨绸缪。对中国这样一个区域经济发展不平衡不充分、国民文化素质参差不齐的大国来说，任务尤其艰巨。培养、提升国民的科学精神，必须将其纳入国家治理现代化的刚性任务之中，并做出系统、规范且富有前瞻性的长远规划予以落实。

（二）自律明辨之国民素质

自律明辨之国民素质对网络时代的社交民众极度重要。在重大疫情防控的非常时期，人人都有某种程度的不安和疑虑。在网络迅捷的环境下，谣言必然如影随形。民众只有具备自律明辨之意识，才能不信谣、不传谣；只有具备自律明辨的国民素质，才能对自己珍惜和保护，对别人尊重和关爱，进而在全社会形成正确的舆论导向和正能量的防疫社会氛围。在疫情防控的关键时期，政府对武汉采取了"封城"的防控措施，对千万人口的特大城市而言，如果市民没有自律明辨的国民素质，要实施这样的重大措施则近乎天方夜谭。但是武汉民众无怨无悔，服从命令听指挥。这种自律，一方面是源于对党和政府治理能力的信心，另一方面，不能不说很大程度上是我国长期思想政治教育和良好社会环境浸染形成的良好国民素质的体现。

（三）谨言慎行之规则意识

在当今时代，国家往往是基本的社会形态，即我们通常所说的社会。从这个意义上来说，国民就是社会公众，国家治理就是社会治理。社会需要控制，国家需要治理。在传统的熟人社会，国家治理和社会控制可以依赖中观的家族和微观的家庭。但在以"生人"为主体构筑的现代社会或国家，要维持秩序就需要规则以及保证规则得以有效实施的体系和机制。"经国序民，正其制度。"国家治理体系和治理能力现代化，就是确保规则体系科学理性和规则执行坚定有效。如何提升国家治理体系的科学性和治理过程的效率？治理者的素质、能力和水平是决定因素之一，另一决定因素在于社会公众共同的价值追求和遵循。这是国家治理的内在合力，深层而言，则是国家治理能力现代化的指导思想和理论基础。在重大疫情防控的关键时期，广大公众更要对法律怀有敬畏，更要增强法治意识，依法科学有序地支持和配合疫情防控工作，做一个负责任的守法公民。比如，在公共场所佩戴口罩，在平时也许只是个人行为，但在重大疫情防控的关键时期，政府将其作为一项公共卫生的行政措施推出来，公众遵守与否则是基本法治意识的体现。越是特殊时期，越考验公众的道德素养和法治意识，当然也折射出国家治理和依法治国的成效。

社会公众的行为选择影响疫情防控的成效，国民心态的稳定就是国家的稳定。疫情防控对国家治理固然是严峻的挑战，对社会公众又何尝不是综合素质的考量？在大灾大疫面前，爱国主义的硬核力量、客观理性之科学精神、自律明辨之国民素质、谨言慎行之规则意识，凝聚成14亿人对战胜疫情保持信心的强大心理防线。

四、社会主义核心价值观建设与国家治理现代化融通交汇、相向而行、互促互进,共同推动新时代中国的政治文明不断创新发展

人类作为群体性的高等动物,不仅要生存下去,还会尽可能地追求更美好的生活。这就需要人类基本共同体比如国家、政党等有共同的理想追求,以及为实现理想目标而形成的基本路径和基本原则,并在追求共同目标的过程中形成合力,即磨合出共同的价值理念——核心价值观。这是目标追求中的思想导向机制。任何社会制度和治理文化都包含某种核心价值观念,核心价值观是社会制度和国家治理的思想灵魂和精神支撑。没有思想理论指导和价值引领的国家治理和社会进步是不可想象的。也正是在这个意义上,习近平总书记指出:"中华优秀传统文化的丰富哲学思想、人文精神、价值理念、道德规范等……可以为治国理政提供有益启示。"①

(一)国家治理现代化必须以核心价值观为思想引领和精神支持

国家治理者往往基于治理目标选择一种价值观,之后通过国家治理转化上升为国家制度,并全面融入社会生活,进而形成大多数社会成员所认同并践行的主流价值观即社会核心价值观。纵观人类发展史可以发现,各历史时期的国家治理者都会根据发展目标并结合本国国情和时代特点构建核心价值体系,进而通过国家治理推动核心价值体系得到普遍认同和融入社会生活,成为一种制度、文化和行为指南。对新时代的中国而言,社会主义核心价值观的价值目标就是实现中华民族伟大复兴的中国梦。这既是中国特色社会主义事业的追求,也是中国特色社会主义国家治理现代化的价值目标。对这"三位一体"的价值目标有了明确的认识和把握,我们就能在国家发展进程中战胜挫折和困难,比如遭遇此次重大疫情时,不偏离目标,始终保持自信,沿着中国特色社会主义道路坚定前进。只有社会主义核心价值观与国家治理全面融通,才能保证国家治理的根本立场、目

---

① 中共中央宣传部:《习近平新时代中国特色社会主义思想学习纲要》,学习出版社、人民出版社2019年版,第146页。

标取向和基本内容。

(二)国家治理现代化推动核心价值观建设制度化、规范化、常态化

没有国家治理的推动,任何一种价值理念都不可能上升到核心的地位。东、西方国家治理史概莫能外。随着国家治理不断改革创新、优化完善,被普遍认同的核心价值形态也将进一步得到丰富、发展和完善,不断地与现实社会生活对接,本来只是理论形态的价值观念被源源不断地转化为实践方案,制度化为指导国民社会生活的规范体系和导向体系。国家治理为核心价值观建设提供政治保证和制度环境。我国社会主义核心价值观的思想理论基础是马克思主义,同时又继承发展了中华优秀传统价值和人类价值的精华,并总结了中国特色社会主义建设的实践经验和全球化时代精神的本质,是最富有生命力的全新价值体系。我国的国家根本制度、基本制度和重要制度都充分贯彻和体现了社会主义核心价值观的要义和精神实质。我国的法治建设也在不断完善、弘扬社会主义核心价值观的法律政策体系。

如何在疫情防控中检验和拓展"不忘初心、牢记使命"主题教育成果?如何凝聚民心,发扬伟大斗争精神,最终完全打赢疫情防控的人民战争、总体战、阻击战?如何利用这次重大疫情防控完善相关立法、执法、司法、守法体系建设?这些既是国家治理领域的现实工作,亦是社会主义核心价值观建设必须探索的现实问题。从核心价值观建设的角度而言,因为学习、宣传、教育等直接途径所发挥的作用存在一定的局限性,公众对将社会核心价值观上升到国家治理层面的呼声越来越强烈。如党中央出台的《关于进一步把社会主义核心价值观融入法治建设的指导意见》就是对呼声的回应。顺应核心价值观建设的需要,近年来党中央已采取一系列实际措施推进社会主义核心价值观融入国家治理进程。当然,在未来整个国家治理现代化进程中,这都是一个常态化的任务。在这次重大疫情防控过程中,很多方面都折射出这种紧迫性和必要性。

（三）这次重大疫情防控，对国家治理现代化和核心价值观建设既是考验和检验，亦是发展创新之契机

"先进的制度、强大的国家治理体系和治理能力从来不是从天上掉下来的，也不是在风平浪静中凭空构想出来的，而是经过无数风险磨难，在严峻考验中诞生、完善和发展的。"① 这次新冠肺炎重大疫情防控，同中国以往在国家治理进程中应对的各种灾难一样，是对治理体系和治理能力的一次大考，也是中国实现"两个一百年"奋斗目标和中华民族伟大复兴征程上的一次历练和考验。尤其是疫情防控要求和民生保障、复工复产任务交织在一起时，更考验各级治理者的智慧和能力。如何"一手抓疫情防控，一手抓复工复产"，确保实现抗疫情、保民生、稳经济、促发展等多元政策目标？各级治理者面对的绝不是非此即彼的选择题，而是综合考验治理水平和能力的主观题、必答题。各级治理者必须从本地区的实际出发，切实探索如何实施包容性公共治理，从而满足广大人民群众对美好生活的向往和追求。

实现中华民族伟大复兴的中国梦是我国社会主义核心价值观的价值旨归。中国梦的实质内涵是国家富强、民族振兴和人民幸福，这既是我国社会主义核心价值观的价值旨归，也是中国特色社会主义国家治理现代化的价值旨归。所以，这次重大疫情防控考验的不仅仅是国家治理能力和效率，对社会主义核心价值观建设也是一次重大的检验，或者说是一次建设和发展的契机。无论是国家治理还是核心价值观建设，随着深度的推进，问题都会日益凸显出来。中国国家治理现代化进程也是社会主义核心价值观构建的关键性阶段或者说决定性阶段。随着重大疫情防控的推进，我国的疫情防控法律体系也需要进一步完善和健全。中央全面依法治国委员会第三次会议适时提出要构建"系统完备、科学规范、运行有效的疫情防控法律体系"，并强调要加强疫情防控法治宣传和法律服务，引导广大人民群众增强法治意识，依法支持和配合疫情防控工作。这些既是国家治理层面的分内工作，也是社会主义核心价值观建设的题中之义。

疫情防控淬炼国家治理体系和治理能力，也推动社会主义核心价值观

---

① 鲁品越：《疫情防控阻击战　锤炼和提升治理能力》，载《光明日报》2020年2月11日第6版。

建设走深、走实、走细。二者融通交汇、互促互进，共同推动新时代中国的政治文明不断创新发展。我们坚信，饱经历史风霜、古老而年轻的中国最终一定能完全打赢这场疫情防控战；我们更坚信，伟大的中国共产党、中国政府和中国人民，终将历经风雨见彩虹，在实现"两个一百年"奋斗目标和中华民族伟大复兴中国梦的壮丽征程上阔步向前。

参考文献：

［1］王远. 习近平会见世界卫生组织总干事谭德塞［N］. 人民日报，2020－01－29（1）.

［2］习近平同美国总统特朗普通电话［N］. 人民日报，2020－02－08（1）.

［3］习近平会见柬埔寨首相洪森［N］. 人民日报，2020－02－06（1）.

［4］习近平. 习近平谈治国理政：第1卷［M］. 北京：外文出版社，2018.

［5］中共中央宣传部. 习近平新时代中国特色社会主义思想学习纲要［M］. 北京：学习出版社，人民出版社，2019.

［6］鲁品越. 疫情防控阻击战　锤炼和提升治理能力［N］. 光明日报，2020－02－11（6）.

第三编 养成与践行

回溯 "90后"大学生践行社会主义核心价值体系之路径

内容提要: 本部分是对10年前的回溯。其意义在于可以循时间脉络看到从社会主义核心价值体系到社会主义核心价值观,大学生在践行和养成方面的连续性和变化。当时是在实证调研的基础上,归纳了2008—2012年间,"90后"大学生对社会主义核心价值体系的认同与践行的重要特点:思想上高度认同与行为上中度践行。原因主要在于:大学生社会历练的缺乏,以及多元社会价值取向和思潮的消解。立足于当时,提出可从四个方面加强大学生对社会主义核心价值体系的践行能力:坚定对社会主义核心价值体系的崇高信念;强化对社会主义核心价值体系的心理与情感认同;训练对社会主义核心价值体系的践行能力和习惯;创新持久践行社会主义核心价值体系的制度规范。10年后回望,当时提出的一些举措和路径在其后的教育教学中多有实施,且效果明显。而今可喜的是,这一代人已经三十而立,成为社会发展的中坚力量。

社会主义核心价值体系作为我国的主流意识形态,从本质上来说,就是一种实践精神,着眼于每一个人、每一个群体、整个国家民族的发展、完善。所以,社会主义核心价值体系建设的过程,就是理论形态向实践形态转化的过程,就是公众思想上的认同与行动上的践行之间不断转化、不断发展、不断升华的过程。社会主义核心价值体系只有深入渗透于每个社会组织和社会成员的自觉行动中,真正成为整个社会的普遍价值准则,内化为广大社会成员的价值追求后再外化为行为自觉,才能真正体现出它的强大精神引领和思想感召作用,才能稳定其核心地位。

问题的提出及思考路径。"90后"大学生是2008—2012年间社会主义核心价值体系教育的重要群体。当时中宣部、教育部已明确要求各高校把社会主义核心价值体系融入大学生思想政治教育的全过程,引领大学生认同、践行社会主义核心价值体系,使大学生成为国家强盛、民族进步的栋梁之材。作为教育实施者，只有对受教育者的思想脉络和价值取向有了深入的了解和科学的认识，才谈得上引领，教育的有效性和针对性才能进一步加强。

  基于这样的考虑，2009年，我们着眼于广东，就当时大学生对社会主义核心价值体系的认同与践行情况进行广泛的实证调研分析。研究立足于广东省内三所本科院校、三所高职院校2007级、2008级、2009级学生，通过问卷、小型座谈会、个案访谈等多种方法，深入调查分析当时大学生对社会主义核心价值体系思想认同与行为践行之间的差异；在此基础上，探索在思政课教学、社会实践、社团工作、校园文化建设等方面如何全方位引导大学生在深化思想认同的同时，在行为上切实践行社会主义核心价值体系，为进一步加强和改进大学生思想政治教育工作提供新思路。

  当时的研究以广东省内的大学生为调查主体，主要着眼于实地测查。在调研中，项目组充分关注到：当时大学生对社会主义核心价值体系的思想认同与行为践行之间有着巨大的差异。对此，作为教育工作者，应该充分关注并采取有效措施予以应对。首先，无论是在问卷调查、小型座谈会还是个案访谈中，大学生均表现出对中央提出社会主义核心价值体系的高度认同、对社会主义核心价值体系四方面内容的高度认同。在座谈会与个案访谈中，无论是高职生还是本科生，他们均对社会主义核心价值体系的思想引领功能分析得头头是道，并对社会主义核心价值体系建设寄予了很高的期望。然而，无论是个体评价还是群体评价，在行为践行方面均只有中度。这与国家、民族、社会对大学生这个群体的社会期待相去甚远。如何进一步促进大学生对社会主义核心价值体系之践行？课题组当时主要提出了以下几项对策。

一、坚定"90后"大学生对社会主义核心价值体系的崇高信念

  当代大学生思想开放、思维活跃、个性独立、富于激情、自我意识强。对他们来说，要践行社会主义核心价值体系，首先必须将这种理论体系内化为他们的价值观念和思想信念。因为从价值观养成的角度来说，只有真正认同和主动接受，而不是单纯了解和简单记忆，才能将知识内化为素质，将理论外化为行动，将需要转化为践行。

（一）说透社会主义核心价值体系理论的科学性

社会主义核心价值体系不会自然而然地成为大学生的价值观念和思想信念。一种理论要有持续的生命力，要成为其社会成员的思想信念，首先取决于它理论品质的先进性、科学性，即是否是这个社会先进阶级及其执政党的思想升华、理论概括、精神提炼、体系建构。社会主义核心价值体系是中国共产党深刻总结历史经验、科学分析中国发展现状而进行的一个重大理论创新，其科学性、先进性是不容置疑的。高校的思政课是系统地对大学生进行社会主义核心价值体系教育的主渠道、主阵地，说透社会主义核心价值体系理论的科学性，是高校思政课责无旁贷的任务。

（二）强化社会主义核心价值体系理论的解释力

社会主义核心价值体系毫无疑问具有优秀的理论品质，但其是否具有强大的解释力和能否真正内化为大学生的思想信念则还有待我们多方面的努力。解释力如何更好地发挥？关键还要看教师是否善于解读。社会主义核心价值体系包括四个方面的内容，看似四句话，但内涵无限，如果照本宣科，肯定对大学生没有吸引力，更谈不上产生思想共鸣和心理认同。一则要把社会主义核心价值体系的本质要求融入丰富的经济社会发展实践中，融入当时大学生的日常生活中。教师要敏锐、主动地运用马克思主义中国化的最新理论成果指导大学生观察社会，研究社会，解释社会现象；及时用我国经济社会建设的新成绩和理论研究的新成果，有针对性地回答社会变化给大学生思想上带来的种种新问题、新困惑。二则要创新教学方法，改进教学手段，这是每一位思政课教师永无止境的追求。在做教学设计时，必须始终坚持一个根本理念：尊重大学生的思想差异，尊重大学生的人格主体性，尊重大学生的每一个青春创意。只有师生思想上相通，情感上互动，活动上合作，才有良好的教学效果；有良好的教学效果做保证，社会主义核心价值体系对大学生而言，才有从一种理论体系上升为指导其行为的思想观念和价值信念的可能性。

（三）增强社会主义核心价值体系理论的渗透力

校园网、广播台、社团协会、文化节等高校精神文化活动与产品共同营造校园舆情氛围，潜移默化地影响着大学生的思想观念、价值判断、道德情操。如果运用得好，它们则是社会主义核心价值体系教育的有效隐性载体，会对社会主义核心价值体系教育产生不可估量的影响。在高校校园舆情氛围的营造方面，一是学校管理层要始终坚持正确的舆论导向，始终坚持社会主义核心价值体系这一主旋律。即使是一些休闲娱乐类节目，也要符合和反映社会主义核心价值体系的要求。二是在高校的标志性活动（如一些重要仪式、节日庆典）中，将社会主义核心价值体系渗透其中，彰显活动的方向性、政治性、教育性，从而让大学生在庄严的仪式、轻松的节日、愉快的活动中感受到社会主义核心价值体系与每个人的成长、发展息息相关。

二、强化"90后"大学生对社会主义核心价值体系的心理与情感认同

（一）心理与情感认同是践行的基础与桥梁

一个国家的核心价值体系只有建立在公众普遍的心理与情感认同的基础上，才可能真正被践行，其核心地位才名副其实。因此，实现社会主义核心价值体系从思想意识到实践行为的回归，对普通公众而言，心理和情感上的认同是基础。要知道，行动是在心理认同的基础上产生的，心理认同又是在感情和体验的基础上产生的。利益决定人们的感情和体验，也决定人们的价值选择。在利益一致的基础上，认同主体获得相同的感受和体验，产生共鸣，才会发展成推动实践的激情。

（二）如何强化"90后"大学生对社会主义核心价值体系的心理与情感认同

对"90后"大学生而言，心理与情感认同同样是践行社会主义核心

价值体系的思想关键和桥梁。然而，最棘手的是如何实现这样的回归，如何强化大学生对社会主义核心价值体系的心理与情感认同。途径是非常多的，但最根本的途径可能是：在进行思想教育时，将国家宏大发展需要与大学生的现实发展需要相结合。马克思曾说："'思想'一旦离开'利益'，就一定会使自己出丑。"① 这给大学生社会主义核心价值体系教育以深刻的启示：在对大学生进行社会主义核心价值体系教育，以理服人的同时，还要关注他们个体的发展需要、情感兴趣、利益诉求，这样才能激发他们内心的自觉，使他们调动起自身的各种积极因素，主动加强价值观方面的修养。

当时项目组进行的个案访谈以及小型座谈会均显示，大学生的许多思想问题都是由实际问题引发的。解决思想问题的源头还在于解决实际问题。重视人文关怀，以生为本，就是要把解决大学生的思想问题和解决他们的实际问题紧密结合，从思想上查原因，从实践中找对策。通过解决大学生最关心、最直接、最现实的利益问题，譬如就业、生活、发展问题等，从而使大学生从"小我"发展的层面真切感受到国家发展给予的空间和活力，这样，认同、接受、践行社会主义核心价值体系就会水到渠成。

三、训练"90后"大学生对社会主义核心价值体系的践行能力和习惯

一个社会的核心价值体系仅仅停留在信念、心理与情感认同层面，发挥的仅仅是思想引领功能肯定远远不够。融入每个社会成员的日常生活，成为其行为习惯才是根本，才能恒久。如何将社会主义核心价值体系融入大学生的日常行为习惯中，提升其践行能力？可从以下两方面着手尝试。

（一）社会实践是根本途径

对长期处于校园的大学生而言，只有真正加入社会实践中，面对各种复杂的社会关系之后，他才能深刻认识到自己在社会中的位置，理解和把

---

① 中共中央马克思恩格斯列宁斯大林著作编译局：《马克思恩格斯文集》第1卷，人民出版社2009年版，第286页。

握自己的社会义务、社会责任以及社会发展的规律、价值准则和道德规范，从而将自身融入社会中，将自己的利益需求与社会的发展要求、自己的价值观念与社会的价值准则有机地融为一体；自我意识也不再仅仅是追求人格的独立，而是把自己看作社会的一分子。只有在这时候，共同的理想信念、民族精神、时代精神、社会荣辱观等才能成为指导个体行为的内在法则，遵从社会价值观念也才会变成个体的理性自觉。

大学生的社会实践这几年在高校得到了积极的探索和有价值的尝试，取得了非常好的效果。很多高校的思政课教学部、团委、学工处或者专业系均非常注重此项工作。高校组织大学生深入工厂企业、田间地头、街道社区，开展调查研究、实习兼职等，最后以调查报告、实习心得、技能比拼等多种形式展现出来。大学生在与社会一线接触的过程中，极大地拓宽了视野，开阔了思维，对社会现状的评析更理性，对发展问题的看法更客观，对自身的评价更中肯。在一次次的社会实践中，大学生更清楚地看到马克思主义对中国发展的指导意义，亲自见证了社会主义共同理想信念对公众的价值，自觉践行社会主义核心价值体系的能力得到极大的锻炼和提升。

（二）生活实践是可行选择

社会主义核心价值体系的具体内容要得到大学生的躬身践行，就必须具有较强的操作性，不能"悬空化"，成为枯燥的政治话语、简单的政治口号，而要把复杂的理论话语转化为简单的生活道理。增强理论的可操作性，就是要结合大学生的生活实际，将社会主义核心价值体系各方面内容、要求融通于他们的日常生活中，营造道德暗示氛围，持之以恒地将社会主义核心价值体系各方面内容的要求具体化，从而让虚拟的理论指导与实实在在的外在环境相衔接。只有这样，才能让社会主义核心价值体系回归到大学生的现实校园生活中，才是真正的教化，才有实效。可以说，对大学生实施社会主义核心价值体系教育，是一种持久、渐进、现实、感染的生活，或者说是一种生活培育和习惯养成。

四、创新"90后"大学生持久践行社会主义核心价值体系的制度规范

大学生践行社会主义核心价值体系固然在很大层面上是社会主义伦理道德建设的范畴,但是只有道德的谴责,缺乏硬性的制度机制制裁,道德失范的现象将无法遏制,社会风尚也难以净化。规范的制度建设才是大学生持久践行社会主义核心价值体系的重要保证。

(一)建立健全规章制度等长效机制

高校应通过进一步完善学生守则等行为规范,推动社会主义核心价值体系建设日常化、具体化,努力在落实上下功夫,把社会主义核心价值体系的要求融入学生管理的各项规章制度中,形成长效机制。融无形的社会主义核心价值体系理论为有形的学生管理工作,将形而下的、琐碎的学生管理提升到思想意识形态建设的更高层面。

(二)建立健全心理疏导机制

就业环境严峻,青春期情感丰富多变,大学生的心理面临着重大考验。科学、有效的心理干预对大学生世界观、人生观、价值观的树立具有重要而持久的影响。通过心理健康教育、心理辅导、心理咨询服务,建立大学生心理状况动态评估体系,及时、有效地把握大学生的心理变化,尽早针对问题采取有效的干预措施,特别是提高重点人群的心理应对能力。对大学生而言,很多心理问题已不单单关涉心理,更关涉价值观念、人生信仰、理想追求、事业定位。有了健康的心理,才有敏锐活跃的思维方式、积极理性的职业规划、朝气蓬勃的生活态度,对社会主义核心价值体系的践行才可能积极主动、卓有成效。

关联 "讲好中国故事"与高校社会主义核心价值观教育

内容提要：中国故事与社会主义核心价值观的基本内容和价值内核高度一致，"讲好中国故事"与高校社会主义核心价值观教育在资源场所、工作理路上也高度一致。高校和各省市区抓住诸如新中国成立70周年等众多重要契机，通过内容层面的互通互鉴与深度融合、策略层面的主动对接与协同创新，既为"讲好中国故事"开拓更大的受众群体，更为大学生社会主义核心价值观实践养成提供更宽广的社会舞台。

党的十八大以来，习近平总书记反复强调要"讲好中国故事"，传播好中国声音，阐释好中国特色。"讲好中国故事"也是当前高校人才培养和意识形态建设的根本遵循和客观要求。在2018年全国宣传思想工作会议上，习近平总书记又进一步强调指出，要主动讲好中国共产党治国理政的故事、中国人民奋斗圆梦的故事、中国坚持和平发展合作共赢的故事。高校党委尤其是承担大学生思想政治教育工作的马克思主义学院、党建、宣传、学工、团委等相关部门，应深入学习、深刻领会和努力实践习近平总书记的这些重要讲话精神，充分挖掘所在区域的资源优势，全方位"讲好中国故事"，从而进一步加强新时代高校社会主义核心价值观教育。这既是新时代高校社会主义核心价值观教育需要去面对和解决的理论和现实课题，也是社会主义高等教育办学方向和人才培养目标对思想政治教育提出的任务和要求。广东特别是广州具有丰富的中国红色故事、改革开放故事和中华优秀传统故事资源，以广州为例进行的典型研究和实践探索，对全国高校具有一定的参考和借鉴价值。

一、"讲好中国故事"与高校社会主义核心价值观教育的关系

2019年适逢新中国70华诞和五四运动100周年,而2018年又是我国改革开放40周年。高校如何抓住这些重要契机,并充分利用区域资源优势,全方位"讲好中国故事",进行社会主义核心价值观教育?这里首先要梳理的是"讲好中国故事"与社会主义核心价值观教育的关系。在基本内容和价值内核方面,中国故事与社会主义核心价值观高度一致,"讲好中国故事"与社会主义核心价值观教育在资源场所、工作理路上也高度一致。

(一)中国故事与社会主义核心价值观的基本内容和价值内核高度一致

"讲好中国故事"在横向内容层面包括讲好中国共产党治国理政的故事、中国人民奋斗圆梦的故事和中国坚持和平发展合作共赢的故事;在纵向时间层面包括讲好中国优秀传统文化故事、中国红色故事和改革开放故事。无论横向还是纵向层面,中国故事的核心内涵是中国精神和中国价值,其基本内容及价值追求与社会主义核心价值观均具有高度的一致性。社会主义核心价值观植根于中国共产党领导的中国革命和中国特色社会主义改革建设历史与现实故事,并与中华优秀传统文化故事相承接。社会主义核心价值观鲜明地确立了当代中国的价值追求,展现了中国共产党和中国人民高度的价值自信与价值自觉。首先,中国故事是社会主义核心价值观的历史底蕴、精神脉络和价值载体。社会主义核心价值观不是无源之水、无本之木,它深深植根于中华优秀传统文化和中国革命道德,并同中国人民正在进行的奋斗相结合。讲好中国优秀传统文化故事和中国红色故事,大学生社会主义核心价值观实践养成才具有历史底蕴和精神涵养。正如习近平总书记所要求的,要"深入挖掘和阐发中华优秀传统文化讲仁爱、重民本、守诚信、崇正义、尚和合、求大同的时代价值,使中华优秀传统文化成为涵养社会主义核心价值观的重要源泉"①。其次,中国故事

---

① 习近平:《习近平谈治国理政》第1卷,外文出版社2018年版,第164页。

是社会主义核心价值观的文化承载、实践根据和现实基础。"一个民族、一个国家的核心价值观必须同这个民族、这个国家的历史文化相契合,同这个民族、这个国家的人民正在进行的奋斗相结合,同这个民族、这个国家需要解决的时代问题相适应。"① "讲好中国故事",才能为大学生社会主义核心价值观实践养成提供坚实的现实基础和有力的实践根据。可以说,社会主义核心价值观就生成于中国故事,而中国特色社会主义伟大斗争、伟大工程、伟大事业、伟大梦想的推进,又必然要求有社会主义核心价值观进行坚强有力的价值引领。最后,中国故事是社会主义核心价值观的理论源泉、道义力量和国情底色。中国共产党近百年探寻真理、救亡图存、治国理政的故事,奠定了社会主义核心价值观居于人类社会价值制高点的地位。中国人民奋斗圆梦的故事和中国坚持和平发展合作共赢的故事,其蕴含的时代精神和价值追求与社会主义核心价值观高度一致,其鲜明的人民性和广泛的真实性更赋予社会主义核心价值观强大的道义力量。

(二)"讲好中国故事"与高校社会主义核心价值观教育资源场所高度一致

"一种价值观要真正发挥作用,必须融入社会生活,让人们在实践中感知它、领悟它。要注意把我们所提倡的与人们日常生活紧密联系起来,在落细、落小、落实上下功夫。"② 大学生社会主义核心价值观实践养成的场所在哪里?大学校园当然是,但远远不够。中国故事的资源地与社会主义核心价值观实践养成场所在区位上具有对接性和便利性。中国故事资源丰富的区域,往往也是高校云集的城市。高校所在省市革命斗争的历史印记、改革开放的鲜活现实和建设发展的巨大成就为"讲好中国故事"提供了丰富的素材和场景。因此,二者在区位上具有对接性和便利性。无论是在横向的内容层面还是在纵向的时间层面,高校云集的城市往往具有丰富的中国故事资源。各地高校充分利用本区域的资源"讲好中国故事",进行社会主义核心价值观教育,既具有相当的典型性和示范性,对全国其他省市的高校具有借鉴和参考价值,又具有地域特色和现实主义风采,为大学生社会主义核心价值观全员化、全程化的实践养成提供了可

---

① 习近平:《习近平谈治国理政》第 1 卷,外文出版社 2018 年版,第 171 页。
② 习近平:《习近平谈治国理政》第 1 卷,外文出版社 2018 年版,第 165 页。

能。特别值得一提的是，各省市的中国故事内容和场地资源，也为高校开展社会主义核心价值观主题纪念庆典活动提供了实践场景和社会氛围，更增添了庆典活动的仪式感、亲和力和实效性。总之，深度挖掘各类中国故事所蕴含的文化内涵和价值追求，最后都要落到文化软实力和意识形态建设层面。而社会主义核心价值观就是我国文化软实力的重要组成部分。因此，在整合中国故事丰富资源、展现中国故事文化魅力和挖掘中国故事价值感召力的基础上，以中国故事为资源平台和实践场所，引领青年大学生走在时代前列，在扣好自己的人生扣子、做社会主义核心价值观模范践行者的同时，以青春之我担时代之责，做社会主义核心价值观的积极传播者、社会文明进步的推动者，当是"讲好中国故事"的题中之义。

（三）"讲好中国故事"与高校社会主义核心价值观教育工作理路高度一致

首先，高校所在城市"讲好中国故事"的系列活动引领和助推大学生社会主义核心价值观实践养成。利用区域资源优势在高校全方位"讲好中国故事"，发挥的正是文化浸润和生活体验对价值观养成的引领和助推作用。党的十八大以来，高校社会主义核心价值观教育取得巨大成就的同时，新时代要破解的难题是如何解决部分大学生对社会主义核心价值观高度认同与中度甚至低度践行的矛盾。结合高校所在区域的资源"讲好中国故事"，并将这些故事融入高校思政课教学与实践中，通过潜移默化的文化浸润和日积月累的生活体验实现高度践行，无疑是一个可行的思路。所以，从这个意义上而言，挖掘区域资源，"讲好中国故事"，探索从实践养成维度促进大学生对社会主义核心价值观的践行，是高校思想政治工作和党建工作的实践课题。同时，也对全国各地高校利用当地资源"讲好中国故事"，促进本区域内各级各类学校学生社会主义核心价值观的实践养成具有借鉴和参考价值。其次，二者的融合在微观层面可搭建桥梁促进高校人才培养工作与社区党建、文化服务工作互联互通。当前，高校社会主义核心价值观教育迫切需要拓展便捷、常态化且具有较大人员容量的校外实践基地，而社区党建和文化服务部门在大量专项化但非常态化的工作中也迫切需要理论素养好、工作热情高、创新意识强的青年人加入。无论是作为组织者还是参与者，二者的合作意愿都非常高，合作领域非常广。再次，"讲好中国故事"近年来一直是省市党宣、文化部门的一项重要工作，但囿于部门工作的条块分割，大量的中国故事资源受众面往往很小，造成资源的浪费。所以，高校主动出击，积极走出去，充分利用区域"讲好中国故事"的优质资源，既有利于扩展中国故事的受众群体，又能为大学生社会主义核心价值观实践养成建立创新案例和长效机制。

二、"讲好中国故事"与高校社会主义核心价值观教育融通的现状

"讲好中国故事"既是提升我国宣传思想工作水平的客观要求，也是高校社会主义核心价值观教育守正创新的关键一环。二者的深度融合将极大地创新高校人才培养工作与省市及社区党建、文化服务等工作对接合作机制，既让高校社会主义核心价值观教育更接地气，更有现实说服力，又能提升省市及社区党建、文化服务的品位和质量。但当前二者的互融互通，无论于"讲好中国故事"还是于大学生社会主义核心价值观实践养成，都既须拓展理论探索深度，也须加大实践创新力度。

（一）"讲好中国故事"应该开拓更大的受众群体

"讲好中国故事"，唱响奋进凯歌，凝聚民族力量。近年来，为贯彻落实习近平总书记的指示，全国众多城市尤其是理论研究、意识形态宣传和教育部门，从理论探索和实践创新两个维度着力，为"讲好中国故事"做了大量工作。如广州就举办了红色文化系列讲座、"思想引领未来"学习沙龙、广府新语系列讲座、"红色文化"主题公益展、"红色文化"主题党日活动等众多研讨会议、主题实践活动，还多次举行"讲好广州故事"创新案例评选和展示活动等，取得了良好的教育效果，产生了较大的社会影响力。不可否认，各级部门在讲中国故事时，确实与部分高校建立了共享合作机制和平台，让部分大学生受益匪浅。但是，总体而言，这种合作的深度和广度都还不够，受益群体很狭窄，并且多是双边而非多边。

在高校社会主义核心价值观教育乃至思政课堂上，"讲好中国故事"也多停留在宏观的国家叙事层面，中观和微观的本省、本市、本区的素材和案例往往非常欠缺，并没有很好地展现真实、立体、全面的中国。因此，充分挖掘高校所在省市区中国故事的丰富素材和案例及其潜在价值，

并讲好中观和微观层面的中国故事，实现科学性与艺术性、学理性与故事性、抽象理论与具体情境的结合，无论是对大学生传播中国声音和阐释中国特色，还是增强核心价值观自信和主流意识形态影响力，都具有重大的理论和实践意义。而且在主流价值理念和意识形态传播过程中，讲授理论时辅以身边事、身边人的精彩故事，将政治话语与生活话语、社会话语相结合，更有利于大学生理解和认同社会主义核心价值观。社会主义核心价值观教育工作者必须充分认识到：融媒时代用互动式社交新媒体讲中国故事是大势所趋；新媒体的多样化内容，融媒体的裂变式传播，已经让中国故事的讲述有了极丰富的传播手段和媒介环境。所以高校社会主义核心价值观教育工作者应该主动向大社会学习，拓宽视野，开阔思路，让"讲好中国故事"与社会主义核心价值观教育更好地互融互通、互相促进。

（二）高校社会主义核心价值观教育需要各省市区从中观和微观层面为"讲好中国故事"赋能助力

物质生产和社会交往两大实践及其"所支撑的物质生活、社会生活、政治生活、精神生活，是培育和践行社会主义核心价值观的实践基础和生活载体"[①]。在高校层面，如何让大学生走出校园，走进社区，走向社会，挖掘区域资源优势，从实践养成的维度促进社会主义核心价值观的培育和践行，是当前教育的重点和难题所在。这方面的理论阐释和实践探索的成果当然也不少。综合理论研究现状，大体可以得出这样的结论："讲好中国故事"与社会主义核心价值观教育互融互通，在理论层面已达到高度认同，目前更需要的是在实际工作层面增强深化合作的意愿并提升操作可行性。这方面各高校固然要主动出击，积极行动，但也需要各省市区从中观和微观层面为高校"讲好中国故事"赋能助力。

三、"讲好中国故事"与高校社会主义核心价值观教育的融通路径

"讲好中国故事"与社会主义核心价值观教育在思想内容、路径策略

---

① 刘占虎：《社会主义核心价值观的实践养成与生活载体》，载《教学与研究》2018年第4期，第45页。

等方面均能互融互通、协同创新。在新时代,如何"讲好中国故事"以进一步进行社会主义核心价值观教育?我们应抓住改革开放40周年、新中国70华诞以及五四运动100周年等重大纪念活动的大好契机,从理论探索和实践创新层面,双向推进高校全方位"讲好中国故事"的新内涵、新形式、新机制,以此全方位进行社会主义核心价值观教育。

(一) 思想内容层面的互通互鉴与深度融合

新中国成立70年来国家发展的历史和现实,各省市区域发展的繁荣盛景,都为"讲好中国故事"提供了丰富而鲜活的素材。而且这些故事在理论层面反映的就是马克思主义中国化的时代背景、历史进程和实践成就。这与高校社会主义核心价值观教育的主题和内容高度重叠。"讲好中国故事,需要坚持道路自信、理论自信、制度自信,同时还要有文化自信,从弘扬自己的优秀文化中寻找精、气、神。"① 中国故事中的精、气、神是什么?其核心就是价值观自信。所以,探索"讲好中国故事"与大学生社会主义核心价值观实践养成在协同创新的可行性路径时,首先要关注的就是内容层面如何互通互鉴与深度融合。

(1) 探索如何讲好中国红色故事和中国共产党治国理政的故事,促进区域内大学生社会主义核心价值观实践养成。如广州,它是近代中国革命的发源地,拥有广州起义烈士陵园、农民运动讲习所、黄埔军校旧址、黄花岗七十二烈士墓、中山纪念堂等丰富多样的红色教育资源和党史教育资源。高校可主动走出去,或老师带队,或学生分小组,分批分类、扎实深入地研究、挖掘和利用这些爱国主义教育基地的丰富故事素材和精神价值,讲好中国红色故事和中国共产党治国理政的故事。形式可以是理论研究论文、实地考察报告、微视频或微电影等。通过深入这些基地,深度探索讲好中国红色故事和中国共产党治国理政的故事,可以极好地促进大学生对富强、民主、文明、和谐,自由、平等、公正、法治,爱国、敬业、诚信、友善等价值理念的认同与践行,引导大学生传承红色基因,牢记初心使命,实现红色文化传承、党史教育和核心价值观养成三者合而为一。近年广东省教育厅组织的历届"挑战杯"广东大学生课外学术科技作品

---

① 崔潇:《十八大以来"讲好中国故事"理念国内研究综述》,载《对外传播》2017年第2期,第51页。

竞赛中,这方面的主题一直是参赛大学生选择的热门,获奖作品也不少。

(2)探索如何讲好省市区中观和微观层面的改革开放故事,进行社会主义核心价值观教育。如广州既是我国改革开放的前沿,也曾是海上丝绸之路的始发港,如今在我国经济转型升级、社会治理改革创新中依然走在全国前列。2018年是改革开放40周年,2019年是新中国70华诞,也是"一带一路"这条世界上跨度最长、最具潜力的合作带绘就"大写意"的五年,又适逢党中央出台《粤港澳大湾区发展规划纲要》,加大力度推动广东与港澳改革开放。利用这么多大好契机讲好这片热土上人民奋斗圆梦的故事、敢为人先的故事、对外开放中我国坚持和平发展合作共赢的故事,可以加深大学生对广东近年践行"五大发展理念"的实践和成果的认识,增强广东尤其是广州、深圳等龙头发展城市对大学生的吸引力,引导大学生将个人学业、事业发展与学校所在城市发展同向同行,促进大学生切身践行社会主义核心价值观中的敬业、诚信、友善等理念。讲好、讲深、讲透这些大学生身边的中国故事,可以促进大学生认清所学专业的现状与前景,坚定专业思想,磨炼专业能力,从而使践行社会主义核心价值观由外在规范、要求、约束变成内在自律、自觉、自为。

(3)探索如何讲好中华优秀传统文化故事,促进区域内大学生社会主义核心价值观实践养成。"如果没有对于本民族优秀传统文化的记忆,就没有根据去完成从'民族文化'到'民族精神'的顺利转化。所以,优秀传统文化是今天对内讲好'中国故事'的文化战略资源。"① 如广州是历史文化名城,拥有灿烂辉煌的传统文化。可以研究如何以大学生喜闻乐见的方式,传播广州魅力无穷的传统文化;还可以研究如何以丰富多彩、实效性和长效性兼具的实践形式,引领大学生深刻领悟、高度认同和主动践行社会主义核心价值观。这些都具有探索价值和现实可能。陈家祠、广东省博物馆、荔枝湾,还有习近平总书记探访过的永庆坊等,都具有丰富的传统文化内涵和思想精华,非常值得大学生深入挖掘和传承,当代大学生也对这些非常感兴趣,很乐意去接受、习得。

---

① 李曦珍:《融媒时代讲好"中国故事"的文化价值取向》,载《甘肃社会科学》2018年第6期,第36页。

（二）策略层面的主动对接与协同创新

在策略层面如何实现"讲好中国故事"与社会主义核心价值观教育的对接与互融？这方面高校确实还要加强"讲好中国故事"的方法论研究，以及通过"讲好中国故事"探索社会主义核心价值观教育路径的研究。但在基本面上高校要时刻密切关注和主动联系当地的理论研究、宣传教育和文化服务工作部门，形成策略层面的工作对接与项目协同。

（1）高校与所在区域的爱国主义教育基地建立常态化合作机制，并以项目为依托协同运作。广州众多的爱国主义教育基地如孙中山大元帅府、省档案馆、烈士陵园等，区域内的不少高校已与其建立共建基地，但挂牌后往往鲜有经常化的深度合作。因此，在现有的基础上，如何进一步深化常态性合作有巨大的探索空间。各高校可尝试批量签订共建基地，在基地共建过程中，共同培养红色故事讲习队，开展红色故事微电影摄制比赛，组织红色文化主题公益活动，进行红色文化主题党团活动，等等。大学生的加入，势必为这些爱国主义教育基地增添活力并扩大其影响力。此外，大学生群体在参加基地活动的过程中，更能切身感受到先辈的爱国主义情怀，从而加深其对社会主义核心价值观的理论领悟，提升其践行社会主义核心价值观的能力。

（2）高校可组织大学生广泛开展属地社会调研、社区公益、志愿者活动，在亲历亲见中践行社会主义核心价值观。调查方式可以是问卷调查，也可以是走访、面谈等；调查内容是目前"讲好中国故事"的创新案例和有效传播形式。在社区公益、志愿者活动中，则尝试让大学生体验传统生活习俗、参与学术沙龙、聆听传统文化讲座、研习传统工艺等，在寓教于乐、潜移默化中践行社会主义核心价值观。

（3）组织大学生通过兼职、实习见习等工作，在职业体验中践行社会主义核心价值观。让大学生走出校园，走进社区，扩大视野和深入社会，在亲历亲见中体验红色文化、改革开放成就和传统生活习俗，体验中国故事的魅力，从而自觉、自愿地培育和主动、高度践行社会主义核心价值观。在实习见习工作中，也要结合大学生的专业所学、事业所攻，讲好、讲深、讲透中观和微观的中国故事。在身体力行的实习工作中，更好地引导大学生将做人与做事相结合，将技能训练与素养提升相结合，从而实现价值引领、能力培养和知识传授的有机融合。

总之，要通过研究探索和创新实践，增强高校所在区域鲜活的中国故事对大学生的吸引力、影响力、感召力，进而通过潜移默化的文化浸润、日积月累的生活体验和协同创新的社会实践，促进大学生对社会主义核心价值观的自觉养成。汇聚青春力量和智慧，强化使命意识和责任担当，让大学生在社会中践行社会主义核心价值观，在实践中体验为人民服务的宗旨，从而自觉奉献社会、报效祖国。

参考文献：

[1] 习近平. 习近平谈治国理政：第1卷［M］. 北京：外文出版社，2018.

[2] 刘占虎. 社会主义核心价值观的实践养成与生活载体［J］. 教学与研究，2018（4）：45－52.

[3] 崔潇. 十八大以来"讲好中国故事"理念国内研究综述［J］. 对外传播，2017（2）：50－52.

[4] 李曦珍. 融媒时代讲好"中国故事"的文化价值取向［J］. 甘肃社会科学，2018（6）：30－38.

关联 思政课混合式教学与社会主义核心价值观教育

内容提要：混合式教学一方面是新时代思政课全面落实信息化时代教学部署，凸显现代化教育发展趋势的新尝试，是思政课全面落实立德树人根本任务，守正创新建设规律的本质要求；另一方面，也是满足"00后"大学生价值诉求，实现社会主义核心价值观教育"落细、落小、落实"的创新要求。通过混合式教学，更好地发挥传统课堂与网络课堂协同发展、融合线上线下双优势，从而实现社会主义核心价值观教育效果最大化。

为了进一步落实党中央和教育部对新时代思政课教学改革创新的要求，近年来，各高校依据学校类型及学生需求，积极开展思政课混合式教学。混合式教学在极大提升思政课教学质量的同时，也成为高校社会主义核心价值观教育利用信息化时代的优势实现教育效果最大化的最好选择。

一、混合式教学是思政课在信息化时代的必然选择

（一）凸显教育现代化中的思政课创新指引

高校思政课是大学生意识形态教育的主渠道，承担着培养人才的首要任务即"德"的培养。因此，在教育现代化的浪潮中，思政课建设也应融入信息化教学手段，改进课程教学方法，探索现代化思政课教育模式。占据我国高等教育半壁江山的职业教育尤其如此。如国务院印发实施的《国家职业教育改革实施方案》就明确指出："落实好立德树人根本任务，健全德技并修、工学结合的育人机制"，"着力培养高素质劳动者和技术

技能人才";"运用现代信息技术改进教学方式方法","指导职业院校上好思想政治理论课"。① 在 MOOC（大型开放式网络课程）向 SPOC（小规模限制性在线课程）及线上线下混合式教学转变的过程中，思政课混合式教学同样走在改革创新前列，信息化教学理念推动教学内容、教学方法、教学手段改革创新，形成一个线上线下、全员互动、全方位、多维度混合的教学育人环境，成为更多教师和学生的选择，并逐步常态化。

（二）深化新时代思政课信息化改革创新方略

高校思政课大胆尝试混合式教学形式，加强信息技术与教学的深度融合，是落实《关于深化新时代学校思想政治理论课改革创新的若干意见》和《"新时代高校思想政治理论课创优行动"工作方案》的重要体现，推动思政课思路创优、师资创优、教法创优、环境创优，展现新时代思政课新气象、新作为、新担当，全面提升思政课的质量和水平。② 在全国高等教育信息化部署的大环境下，高校意识形态教育以及德育教育也必须树立信息化教学改革理念，探索以"教师为主导、学生为主体"的更高效、更便捷、更畅通的教学服务，将教学的落脚点全面转向"以学生为中心"。要创新教学方法，优化教学内容，坚持"八个相统一"基本原则，落实铸魂育人的教学目标。要加强师资队伍建设，以"六要"为基本要求，加强信息化教学培训，提升教师信息素养，提升师资队伍水平。要创新环境，适应时代要求，遵循"00后"大学生的认知规律，创设新时代思政课教学环境。

---

① 国务院:《国家职业教育改革实施方案》，见中华人民共和国中央人民政府网站（http://www.gov.cn/zhengce/content/2019 - 02/13/content_5365341.htm），2019年2月13日。

② 中共教育部党组:《"新时代高校思想政治理论课创优行动"工作方案》，见中华人民共和国教育部网站（http://www.moe.gov.cn/srcsite/A13/moe_772/201909/t20190916_399349.html），2019年9月3日。

二、混合式教学是新时代高校思政课守正创新的必然要求

（一）坚持思政课的社会主义办学方向，加强社会主义意识形态和核心价值观教育

党的十八大以来，面对经济全球化、信仰缺失、新的历史使命和责任担当等问题，高校的意识形态教育面临着前所未有的挑战，新时代大学生的思想政治教育更为重要和迫切。高校学生马克思主义理论学习基础大多较薄弱，对理论知识的认知程度偏低，缺乏对思政课的学习热情和实践精神。在教育现代化快速推进的进程中，高校思政课改革创新势在必行，既要贯彻落实指导思想和教育方针，加强对大学生的意识形态教育，推动社会主义核心价值观建设和马克思主义理论学习，又要有效灌输和灵活引导，"运用新媒体新技术使工作活起来，推动思想政治工作传统优势同信息技术高度融合，增强时代感和吸引力"①。混合式教学赋予思政课新的教学模式和教学方法，我们应进行线上线下全方位、多维度的教学探索，整合混合教学要素，统筹推进课程建设，坚持正确的政治方向、舆论导向、价值取向，实现在创新中守正，在守正中创新，坚定政治立场，继续探索的脚步。

（二）落实思政课教学目标和价值观引领目标，体现"八个相统一"基本遵循

思政课是高校大学生的必修课，是系统传授马克思主义理论的主要途径。在信息化改革创新中要不断增强思政课的思想性、理论性和亲和力、针对性。在教学内容建设中深入贯彻落实习近平新时代中国特色社会主义思想进教材、进教室、进头脑，提升教学深度和学生的理论素养。科学、合理地利用网络新闻资讯对大学生进行价值观引导和教育，辨析和甄别复

---

① 《把思想政治工作贯穿教育教学全过程　开创我国高等教育事业发展新局面》，载《人民日报》2016年12月9日第1版。

杂多元的社会思潮和价值观，学会辨析新闻事件的真假，剖析事件的表面特征与内在本质，在多元环境下树立正确的价值观念。在教学方法、教学模式优化方面坚持"八个相统一"基本遵循，借助新媒体、新技术开展信息化、数字化、网络化教学，以内容为主，以方法为辅，以人为主，以机为辅。混合式教学是自主、高效的新教学理念和教学模式的改革创新，符合新时代青年大学生的特质，是信息技术与思政课的深度整合，为课程改革提供了新的空间，给思政课教师、大学生带来新的体验，是新时代上好思政课，守好主阵地，落实立德树人根本任务的理性回归和创新实践。

（三）整合思政课信息化教学要素，拓展社会主义核心价值观教育创新维度

高校思政课混合式教学是当前改革的新思路，是全面落实信息时代社会主义核心价值观教育创新的必然趋势。混合不是各种要素的简单叠加，而是深层次的融合和系统的整合优化。结合数字化在线课程以及慕课、翻转课堂、微课等混合模式实现课程课上与课下、线上与线下的交互融合、互联互通。全力推动思政课教学多渠道互联互通，社会主义核心价值观教育多维度互促互动，在信息技术的支持和保障下创新教与学，探索以"教师为主导、学生为主体"的更高效、更便捷、更畅通的教学服务，落实以"学生为中心"；教学方法多样化整合，自主学习教学内容，相互协作积极探索，创新推动课堂翻转，提升学生的综合素养；教学内容多元化整合和重构，满足学生的知识诉求，拓展教学深度；教学手段立体化整合，利用云平台打破空间和时间的局限，搭建网络教学平台，扩宽教学渠道，线上教学与线下教学互联互通，实现传统教学向信息化的多维度、多空间教学转变；考核方式过程化整合，以知识考核为基础，以能力考核为主线，全面测评学生思政课的学习效果。全方位整合混合式教学要素，融会贯通使之成为统一整体，实现教学效果的最大化。着力于增强课程的吸引力与感染力，全方位、全过程推进社会主义核心价值观教育的创新探索。

三、混合式教学是信息化时代社会主义核心价值观教育"落细、落小、落实"的必然路径

(一)应对"00后"大学生社会主义核心价值观教育挑战的方法创新

价值观教育要"落细、落小、落实",首要的是把握大多数教育对象的思想行为特征,自2018年"00后"开始进入高校校园,现如今他们已成为大学校园的主力。新时代青年开放、自信,充满活力,喜欢彰显个性,寻求个人成长和价值实现;他们习惯于网络文化和网络生活,被称为"网络原住民";他们求真务实,易于接受多元文化价值观念,寻求精神支撑。各高校与思政课教育工作者要适时调查研究、了解和掌握"00后"的价值取向和思想行为特征,在坚持政治方向和教学目标的基础上,以新时代青年大学生喜闻乐见的方式变革教学方法,凸显"00后"的个性特征,融合网络化学习方式,通过多元途径满足学生表达自我,寻求存在感、认同感、归属感等内在需求。社会主义核心价值观教育教学通过引入互联网、多媒体、云平台、电子通信等多种手段打通师生之间的沟通渠道,让学生敢说、想说、能说,并且相互说,敢于表达内心的困惑、思想疑问,加强师生之间、生生之间的思想交流,更好地释放学生的潜能,有利于引导学生思考创新。在线提问、话题解析、讨论交流等线上功能为每一位学习者提供了思考辨析、判断是非的平台和机会,在自主能动性的推动下充分体现教育的启发性与批判性,更好地提升学生的行动能力,做到知行合一。线上学习对学生也是一种全新的尝试和挑战,适应并提升线上学习能力,带着问题走进课堂,自主参与实践探索。混合教学围绕"以学生为中心"的教学理念,在价值观教育方面,着力于学生自我表达和自我省视,在此基础上引导他们自觉、自愿地进行社会主义核心价值观培育、养成和践行。可以说,混合式教学是当前思政课教学改革创新最好的选择,也是社会主义核心价值观真正实现"落细、落小、落实"的必然途径。

(二)"00后"大学生与生俱来的价值自信与社会环境的博弈融合

"00后"大学生与生俱来的价值自信为高校进行意识形态教育和价值观教育奠定了基础。他们出生于21世纪初,注定是不平凡的一代,是强国一代,与国家富强、民族振兴、人民幸福同步前进,见证并享受着经济快速发展和科学技术日新月异带来的美好生活。他们搭载着互联网的便车,成为网络快速崛起的"原住民"。他们生活在知识大爆炸的时代,从小接受学校以意识形态教育为主的正规的思想政治教育、文化教育、历史教育等,在知识层面熟知国家的政治、经济、历史、文化、科技、国防等知识,在情感层面热爱自己的国家,传承优秀传统文化,践行社会主义核心价值观,在国家危机面前迸发出强烈的爱国主义情感和强大的民族凝聚力。新时代为"00后"创造了新环境,同时也带来了新的冲突和矛盾,大学生的价值自信易受到来自社会各方的冲击和诱惑而变得不坚定,出现自我怀疑、自嘲自讽等现象。一方面,社会的快速发展催生了大量的现实需求和矛盾,对功利的追逐、对奢侈品的追捧、对娱乐生活的盲从,各种价值观念和生活方式影响着青年一代正确的世界观、人生观、价值观的确立以及对社会主义主流价值观的认同和强化。例如:强调勤俭节约的行为,而社会又生产出大量的奢侈品鼓励人们消费;倡导和弘扬革命精神、正能量,然而在影视媒体等平台播放着各种娱乐化的影视剧和综艺节目,片面追求收视率。[①] 这些非主流的价值观念违背主流意识形态,冲击着青年大学生正面价值观的构建和确立。另一方面,随着西方外来文化的入侵,功利主义、自由主义、个人主义等思潮的不断涌入,青年的辨别和抵抗能力有限,容易产生混淆或者盲目崇拜,对自我先行认知和判断产生动摇、否定甚至转向。为了应对大学生与生俱来的价值自信与在国内外环境下滋生的多元文化相碰撞所带来的心理冲突和认同下降问题,加强双方的博弈融合,弱化矛盾冲突,高校社会主义核心价值观教育要适应时代要求,充分把握青年一代的思想观念、价值判断和行为方式,改革创新教学方式方法,增强大学生的历史文化底蕴,厚植爱国主义情感。只有这样,

---

[①] 朱康有:《中华优秀传统文化与马克思主义》,重庆出版社2019年版,第6页。

才能真实、形象、直观、立体、全面地开展社会主义核心价值观教育。

(三)"00后"大学生理想远大与价值观摇摆的矛盾冲突

新时代造就新青年,"00后"满怀家国情怀,勇担民族复兴重任,他们有理想、有本领、有担当,充满激情和抱负地走在时代前列,憧憬着美好的未来和精彩的人生,期冀在实现中国梦的伟大实践中建功立业,实现自我价值,创造更大的成就。新时代为青年人树立远大理想创造了条件,奠定了基础,自然也带来了挑战和激烈的竞争。科技发展日新月异,社会竞争日益残酷,对青年的成长成才提出了更高的新要求。国家高度重视人才的培养,人才是新时代的第一竞争力,各行各业人才辈出,尤其中青年一代已占据重要地位,大学生要融入其中并崭露头角,就必须战胜重重困难并坚定不移地前行。在理想实现的过程中,会遭遇各种坎坷和波澜,对自身期望过高、对现实认识不清或者对困难缺乏思想准备等问题接踵而来会从情感上打击他们的斗志和热情。理想远大和价值摇摆的矛盾冲突会导致大学生否定自我,否定理想,丧失信心和勇气,片面孤立地对待个人理想与社会理想、自我价值与社会价值之间的关系。因此,要在思想层面纠正大学生对理想与现实对立统一的片面认知,使其辩证地对待两者之间的矛盾和冲突,认识到理想实现的长期性、艰巨性和曲折性,在困难和挫折面前坚定信心、勇往直前,在为实现中国特色社会主义共同理想的奋斗中实现个人理想。在实践层面则有赖于大学生脚踏实地、持之以恒的奋斗,"人类的美好理想,都不可能唾手可得,都离不开筚路蓝缕、手胼足胝的艰苦奋斗"[①]。大学生在奋斗实践中要敢于吃苦、不畏艰难,深入学习钻研专业知识,提升自身的思想道德素质和法治素养,把个人的理想信念融入国家和民族的远大理想中,实现"小我"向"大我"的转变。

(四) 网络浸染环境下大学生价值观培育和养成的内在需求

"佛系""二次元""自我""非主流"等标签是对"00后"的描述,他们崇尚自由,追求个性,善于表达,务实开放,在时代的洪流中寻求存在感和归属感,同时又敏感、脆弱、叛逆,渴望情感上的丰盈和精神世界

---

① 习近平:《习近平谈治国理政》第1卷,外文出版社2018年版,第52页。

的支撑。高校社会主义核心价值观教育改革创新应以学生为出发点，融入信息技术，增强课程的亲和力，而不是随意迎合。一是与时代同向同行，关注学生的敏感因素，以迅捷的速度把握学生的思想和行为动向，以敏锐的方式引领大学生树立正确的价值观念，遵循社会发展规律，切实践行社会主义核心价值观，与时代步伐一致。二是与学生同频共振，用心关注学生的诉求，倾听学生的心声，关爱学生发展。用爱温暖彼此，了解学生的困惑，为学生排忧解难，用情砥砺前行，做学生前进道路上的引路人。三是三省吾身，不断反思。师生双方在教与学的过程中不断反思，追求进步。"互联网+教育"的快速发展，促使教育者也必须不断更新知识，提升技能，与时俱进。只有掌握并践行社会主义核心价值观的教育者与受教育者在价值观上实现了同频共振，才可以说高校社会主义核心价值观教育真正实现了"落细、落小、落实"。

四、混合式教学是发挥线上线下教学双优势，更好地实现社会主义核心价值观教育效果最大化的必然方向

通过混合式教学，更好地实现传统课堂与网络课堂协同发展，发挥混合式教学双优势，从而实现社会主义核心价值观教育效果最大化。高校思政课关系着"培养什么人、怎样培养人、为谁培养人这个根本问题"[1]。思政课教师是青年学生价值观养成和践行的主要引导者，教师坚定的政治方向和崇高的理想信念，甘于奉献、不计得失的实践示范，才是思政课教学效果发挥的基本依托。青年大学生是培养对象，也是实现中华民族伟大复兴中国梦的亲历者和践行者，要抓住历史机遇，勇于担当时代责任。高校思政课教育要体现德育的本质，回归社会，将青年培养成社会需要的人，体现"国之大计"的意识形态教育本真。以教育的形式引导青年坚定马克思主义信仰，坚定对中国特色社会主义道路、理论、制度、文化自信。以社会实践的形式将理论认知外化为道德行为，学以致用，提高综合素养。为加强高校思想政治教育工作，要充分借助信息技术手段，推动以混合式教学改革创新，积极推动社会主义核心价值观进教材、进课堂、进

---

[1] 张烁：《用新时代中国特色社会主义思想铸魂育人　贯彻党的教育方针落实立德树人根本任务》，载《人民日报》2019年3月19日第1版。

学生头脑。

(一) 在喜闻乐见中接受社会主义核心价值观

部分大学生从认知上认为社会主义核心价值观教育是简单的高中政治类课程的延续，是强硬的意识形态教育的灌输，从情感上对理论学习存在偏见且不重视，在思政课堂上缺乏情感共鸣和感情投入，学习的获得感不强。混合式教学改革首先符合青年学习的特质，结合网络迅捷化和多样化的教学模式，让社会主义核心价值观教育更具趣味性、多元性、多样性等特点，通过线上与线下、课内与课外、理论与实践的结合，接受社会主义核心价值观，集思考、辨析、感悟、行动于一体，给学生带来全新的体验。另外，社会主义核心价值观教育的信息化改革创新对学生提出了更高的要求，要全面统筹兼顾线上线下的学习进度，深度参与课堂实践活动，结合社会热点、焦点展开面对面的交流、探讨、合作、辩论等，通过线上思考、在线讨论、在线测试等各种任务，提升信息甄别能力，加强协同合作，善于发现问题、分析问题、解决问题。将线上活动与线下展示有机结合，提升社会主义核心价值观教育的时代感和创新性，以学生喜闻乐见的形式回归生活，全方位开展社会主义核心价值观教育，并扩大其影响力和号召力。

(二) 在价值观培育中实现立德树人的根本任务

青年群体的道德水平和意识形态特征是同社会发展、国家进步密不可分的，习近平总书记在 2013 年 8 月 19 日的全国宣传思想工作会议上指出："意识形态工作是党的一项极端重要的工作"，"能否做好意识形态工作，事关党的前途命运，事关国家长治久安，事关民族凝聚力和向心力"。[1] 从三个"事关"中可以领略到意识形态工作的重要性，尤其是青年一代在国际关系日益复杂的今天，西方敌对势力西化以及和平演变在不断上演，权威媒体的引领作用日益减弱，对碎片化信息缺乏甄别、判断的能力。为维护社会稳定、国家安全，必须明确青年前进的方向。因此，利

---

[1] 中共中央宣传部：《习近平总书记系列重要讲话读本》，学习出版社、人民出版社 2016 年版，第 192、193 页。

用信息技术手段高度聚焦意识形态工作，更新教学理念，创新教学方法，把青年的意识形态教育、理想信念教育、思想道德教育、价值观教育等放在重要位置，引导青年学子做社会主义核心价值观的坚定信仰者、积极传播者、模范践行者，真正让社会主义核心价值观入脑、入心，通过全方位、全过程的社会主义核心价值观培养，实现立德树人的根本任务。

参考文献：

[1] 国务院. 国家职业教育改革实施方案［EB/OL］. (2019-02-13)［2020-05-03］. http://www.gov.cn/zhengce/content/2019-02/13/content_5365341.htm.

[2] 中共教育部党组. "新时代高校思想政治理论课创优行动"工作方案［EB/OL］. (2019-09-03)［2020-05-03］. http://www.moe.gov.cn/srcsite/A13/moe_772/201909/t20190916_399349.html.

[3] 把思想政治工作贯穿教育教学全过程　开创我国高等教育事业发展新局面［N］. 人民日报, 2016-12-09 (1).

[4] 朱康有. 中华优秀传统文化与马克思主义［M］. 重庆：重庆出版社, 2019.

[5] 习近平. 习近平谈治国理政：第1卷［M］. 北京：外文出版社, 2018.

[6] 张烁. 用新时代中国特色社会主义思想铸魂育人　贯彻党的教育方针落实立德树人根本任务［N］. 人民日报, 2019-03-19 (1).

[7] 中共中央宣传部. 习近平总书记系列重要讲话读本［M］. 北京：学习出版社, 人民出版社, 2016.

养成 高校"讲好中国故事"之逻辑理路与方法论

内容提要：从逻辑理路而言，坚定马克思主义意识形态在高校的主导地位，引导青年学生学习贯彻习近平新时代中国特色社会主义思想和坚定"四个自信"，以及提升国家文化软实力等，都要求高校"讲好中国故事"。高校"讲好中国故事"在内涵上可从五个方面定位。在定位了科学内涵后，路径方法同样重要。思政课是主渠道和主阵地，重大纪念日是富有成效的特色主题活动抓手，虚拟空间的话语权必须加强掌控。只有多方着力、全员参与，才能构筑以生为本、师生共同参与的高校"讲好中国故事"大格局。

党的十八大以来，习近平总书记在国际国内诸多重要场合，从多个层面对"讲好中国故事"做了重要论述，并身体力行地做"讲好中国故事"的表率。"讲好中国故事"诚然包括面向国际社会发出中国声音，增强国际话语权，扩大国际影响力，同时也包括对内"讲好中国故事"，系统总结中国发展的成就和经验，科学提炼中国精神和中国价值，为新时代发展迈上新台阶提供强大的思想动力和源源不断的精神支持。所以，为实现中华民族伟大复兴培养人才的高校，"讲好中国故事"是其思想政治教育的重要内容。要"讲好中国故事"，首先必须对"讲好中国故事"的内在逻辑理路与方法论进行深入探析，有思想理论和路径方法论指导才能真正达到"讲好"的要求，因为讲故事、摆事实能说服人，讲道理、顺逻辑才能影响人。

第三编 养成与践行

一、高校"讲好中国故事"之逻辑理路

（一）高校"讲好中国故事"是坚定马克思主义意识形态主导地位的需要

中国故事承载的是思想真理、理想信念和价值追求。新时代"讲好中国故事"，就是要坚定国人尤其是青年学生对马克思主义的信仰和追随。《中华人民共和国宪法》以马克思主义为指导思想，中国共产党以马克思主义为行动指南，新时代"讲好中国故事"，就是要促进更多人尤其是青年学生真学、真懂、真信马克思主义。马克思主义是以事实为依据、以规律为对象、以实践为检验标准的科学学说。让青年学生"信马"，在高校设立马克思主义学院，让社会主义高等教育"姓马"固然重要，但"姓马"和"信马"之间是外在要求和内在信仰的关系，二者并不完全同步，甚至可能存在巨大的差距。"讲好中国故事"，就是要通过描述日新月异的发展事实和诠释鲜活生动的改革实践，证明规律、总结规律、发展规律，进而引导青年学生认同规律、掌握规律、运用规律。通过中国故事具体化、形象化的描述和阐释，让青年学生更加深入地认同马克思主义的真理性，把握马克思主义的科学性，进而将其内化为内心坚定的信仰和追求。在此基础上，再将其外化为行动，即运用马克思主义世界观和方法论观察社会、思考人生、解决问题。

（二）高校"讲好中国故事"是青年学生学习贯彻习近平新时代中国特色社会主义思想的题中之义

学习贯彻习近平新时代中国特色社会主义思想，对青年学生来说，首先是理论素养提升的过程，要求他们通过系统的理论学习，把握习近平新时代中国特色社会主义思想的逻辑体系和思想内涵。同时也是实践历练积累的过程，要求他们在潜心学习书本理论的同时，仰望星空，放眼社会，关注我国内政外交国防、经济社会文化等各方面发展的伟大成就和各领域改革之重大突破。作为辉煌新时代的接班人，青年学生不是时代的旁观者，而是见证者、亲历者、引领者，他们有责任、有义务担当使命，讲好

正在发生的中国故事。一个个真切直观的中国故事,记录的或是国家与个人经历的发展进步足迹、生活变迁印记,或是思想观念变革、理想责任坚守。讲好各个角度、层面、领域的中国故事,才能汇成坚强有力的论据,去印证"党的十八大以来国内外形势深刻变化和我国各项事业快速发展催生了习近平新时代中国特色社会主义思想,习近平新时代中国特色社会主义思想回答了实践和时代提出的新课题"①。

(三)高校"讲好中国故事"是青年学生坚定"四个自信"的需要

青年学生是新时代发展的见证者和亲历者,也是奋斗者和创造者。他们对"四个自信"的坚定程度决定着中国未来的走向和地位。"讲好中国故事"是坚定"四个自信"的文化基础、承载形式和着力点。今天,无论是国内还是国际,绝大部分人都认同:当代中国的崛起,绝非因为天上掉馅饼的偶然好运,更不是简单模仿西方发展模式的捷径超越,而是因为中国从政治经济到文化教育,都有一套不同于西方甚至优于西方的制度。这些有目共睹的成就加上来源于个体现实生活的切身体验,就是今日国人自信的底气和源泉。一个个活生生的个体对未来发展的自信,汇聚成民族群体的自信,进而升华为国家层面的道路自信、理论自信、制度自信和文化自信。"讲好中国故事"就是在理论认知的基础上,带领青年学生看见、触摸他们没有完全经历但足以震撼心灵的典型事例,从而获得情感认同,进而加强理论认同、价值认同和政治认同,这是增强"四个自信"的重要途径。

(四)高校"讲好中国故事"是提升国家文化软实力的需要

一个国家的文化软实力不仅建立在对外的话语权和国际影响力上,更有赖于其国民对本国文化的由衷热爱和深沉眷念;不仅体现在文化的有形样态上,更须深深融入其国民的日常生活中。所以,高校"讲好中国故

---

① 刘云山:《深入学习贯彻习近平新时代中国特色社会主义思想》,载《党的十九大报告辅导读本》编写组编著《党的十九大报告辅导读本》,人民出版社2017年版,第5页。

事",就是要通过故事影响青年学生的世界观、人生观、价值观,通过故事发挥国家文化的魅力,征服人心,这些都是国家文化软实力的组成部分。从这个逻辑层面,党的十九大报告明确提出要"讲好中国故事,展现真实、立体、全面的中国,提高国家文化软实力"。党的十八大以来,习近平总书记在多个场合强调要"讲好中国故事",指出"讲中国故事是时代命题,讲好中国故事是时代使命"①。所以,优秀的高校思想政治教育工作者不仅应该是中国故事的阐释者、讲述者、传播者,更应该成为精彩中国故事的挖掘者、整理者、提炼者。中国故事要讲好,要讲得深入人心,提升中国文化的征服力和感染力,就不能只是教育工作者的自说自话,一定要提炼一些标识性概念,打造一些为青年学生所喜欢和接受的新表述。鲜活、生动的中国故事一定是包含个人真挚感情和对岁月的由衷感慨的,这是思想感情、精神信念和价值理念的集中体现。把中国故事讲好,就是把中国精神、中国价值、中国力量阐释好,就是提升中国文化软实力。

二、高校"讲好中国故事"之科学内涵

中国故事讲什么?素材是丰富多彩且日新月异的,但核心主题只有一个,就是要"深刻解读新中国 70 年巨变中所蕴藏的内在逻辑,讲清楚辉煌成就背后的中国特色社会主义道路、理论、制度、文化优势,为党和人民继续前进提供强大精神动力"②。

(一)立足现实方位,讲好发展成就

"文章合为时而著,歌诗合为事而作。""讲好中国故事",首先要讲好的就是现实的中国,尤其是中国发展的巨大成就。党的十九大报告明确判断定位:我们党团结带领全国各族人民不懈奋斗,推动我国经济实力、科技实力、国防实力、综合国力进入世界前列,中国特色社会主义进入新

---

① 王义桅:《讲好中国故事是时代使命(专家解读)》,载《人民日报(海外版)》2016 年 9 月 28 日第 9 版。
② 袁舒婕:《讲好中国故事背后的理论》,载《人民日报》2019 年 6 月 28 日第 9 版。

时代。这就是"讲好中国故事"的现实方位。所以,"讲好中国故事"的一个重要内容就是讲好新中国成立 70 年、改革开放 40 年来中国伟大发展的故事。具体包括:讲好中国从站起来、富起来到强起来的伟大飞跃的故事;讲好中国经济社会发展取得的巨大成就、中国人民精神面貌发生的深刻变化的故事;讲好中国特色社会主义道路、理论、制度、文化不断发展,从实践维度与世界共鉴共勉,为解决人类问题贡献中国智慧和中国方案的故事。讲好中国发展巨大成就的故事是讲好中国其他故事的前提和基础。

(二)明确国情方位,讲清发展趋势

今日中国发展取得了巨大的成就,这是新时代中国特色社会主义事业不断向前发展的基础,也是中国人民继续前行的信心所在。现实成就必须讲足、讲透。但是,在讲好中国发展伟大成就的故事时,必须看到目前我国改革开放进入深水区,加之外部国际环境错综复杂,各种社会矛盾凸显叠加,发展问题层出不穷。所以,在讲中国故事时,一方面不能回避这些困难和矛盾,否则中国故事的真实性和客观性就会受到质疑,影响力和感染力势必大打折扣;另一方面不能片面夸大这些矛盾和困难,进而无视甚至抹黑发展成就,诋毁社会主义制度,动摇青年学生对中国特色社会主义发展的信心和决心。这就要求讲中国故事时必须明确国情方位:中国处于并将长期处于社会主义初级阶段;新时代我国社会的主要矛盾是人民日益增长的美好生活需要和不平衡不充分的发展之间的矛盾。在对国情方位做了定位后,就能理性而客观地看待和评价中国发展道路上的种种矛盾和问题,并有坚定的决心和必胜的勇气来解决这些发展中的矛盾和问题。明确国情方位,就是明确当代中国的基本国情和现实状况,在此基础上,讲述中国未来的奋斗目标和实现路径才能令人信服,才能让引领时代和民族发展的青年学生对中国的未来前景保持乐观和信心,并身体力行、坚定从容地投身到中国梦的伟大实践中。

(三)坚定历史方位,讲透发展规律

"讲好中国故事"的核心是讲好中国共产党的故事,讲透一个政党的成长与一个国家的重生融为一体的风雨征程。今日之世界,人们纷纷把目光投向中国,正是希望从中国的发展实践中探寻规律,从规律中提炼出可供借鉴参考的制度安排和治理智慧。所以,"讲好中国故事",必须以强大的制度自信讲好中国共产党的故事,让国人和世人读懂、理解创造"中国奇迹"的奥秘就是中国共产党执政。讲透中国发展规律,要求在立足现实方位的同时,纵观中国共产党从几十人到9000多万人的近百年的风雨征程,从历史维度挖掘中国共产党人不忘初心使命、勇立时代潮头的生动故事,总结中国共产党勇于自我革命、扛起历史使命的悲壮故事。回溯历史才能探本清源,追根溯源才能看透规律。将党史与国家发展史相结合,坚定历史方位,在深刻理解中共党史脉络的基础上,积极探索中国共产党执政规律、中国特色社会主义建设规律和人类社会发展规律。有了对规律的透彻把握和清醒认识,青年学生才能更好地理解党的政治信仰和时代使命,正确定位自身的时代责任和理想信念。无论走得有多远,也不要忘记来路,不要忘记为什么出发,一个政党、一个国家是这样,一个人也当如此。

(四)认清世界方位,讲准时代大势

今日世界波诡云谲,正处于"百年未有之大变局"。坚定前行的中国特色社会主义打破了过往几十年发展中国家对西方现代化的路径依赖,以超越国界和党派的强有力的实践向世界证明:"一个国家实行什么样的主义,关键要看这个主义能否解决这个国家面临的历史性课题。"① 中国特色社会主义有着无比光明的前途。同时,基于资产阶级与帝国主义时代的现状与趋势,从唯物辩证法的角度,我们必须清醒地认识到:建设中国特色社会主义和共产主义,走的必然是一条充满荆棘和曲折的道路,绝不可能在敲锣打鼓中就轻易实现。今日中国波澜壮阔的改革开放、日新月异的社会发展、举世瞩目的发展成就,成就了精彩纷呈的中国故事,定位了今日中国所处的世界方位,指明了未来中国之时代大势。这个世界方位和时代大势就是2017年9月29日,习近平总书记在中共中央政治局集体学习时强调指出的"从世界社会主义500年的大视野来看,我们依然处在马克思主义所指明的历史时代。这是我们对马克思主义保持坚定信心、对社

---

① 中共中央宣传部:《习近平新时代中国特色社会主义思想学习纲要》,学习出版社、人民出版社2019年版,第26页。

会主义保持必胜信念的科学根据"①。"讲好中国故事",就是要对比今日之中国与今日之世界,在对比中认清世界方位,在对比中看清时代大势。解读中国实践而定位世界方位,构建中国理论而把握时代大势,把握时代大势而谋划内政外交,都是中国人自己最有发言权。这些都是中国故事的重要内涵。

(五) 引领人生方位,讲明价值选择

青年兴则国家兴,青年强则民族强。青年是时代的晴雨表,青年学生的人生定位和价值选择关系着新时代社会主义事业的前途和希望。青年学生只有保持着对社会主义和共产主义理想信念的激情和执着,才能将实现中华民族伟大复兴中国梦的使命要求内化为自觉担当,再外化为坚定行动。在任何时候,榜样的力量都是无穷的。所以,对青年学生"讲好中国故事"还有一个重要内容,就是要讲好他们的同龄人抓紧大学时光潜心钻研、专注问道、勇攀学业高峰的故事,讲好中国共产党党员入基层、赴主流,把个人青春书写在祖国最需要的地方的故事,讲好汗水练就真功,大国锻造工匠,在中华民族伟大复兴的事业中发挥中流砥柱作用的故事。通过这些故事,引领大学生将个人事业与国家民族复兴事业相统一,将个人理想融入社会理想,将个人价值与社会价值相统一;引领大学生既胸怀天下,又扎根基层,将满腔报国情怀融入平凡的工作中,做有理想、有本领、有担当的时代新人。

三、高校"讲好中国故事"之方法论

中国人有本事做好中国事,就一定有能力"讲好中国故事"。高校如何"讲好中国故事"?在定位了科学内涵后,路径方法同样重要。思政课是主渠道和主阵地,重大纪念日是富有成效的特色主题活动抓手,虚拟空间的话语权必须加强掌控。只有多方着力、全员参与,才能构筑以生为本、师生共同参与的高校"讲好中国故事"大格局。

---

① 习近平:《习近平谈治国理政》第2卷,外文出版社2017年版,第66页。

（一）思政课是高校"讲好中国故事"的主渠道、主阵地

一是融中国故事于思政课程体系中，充分发掘高校思政课各门课程、各个章节与中国故事的融通、契合关系，结合理论讲述中国革命、建设、改革、开放中发生的波澜壮阔的中国故事；把相对感性、零星、动态的中国故事融入相对理性、系统、静态的教材理论体系中，赋予中国故事更强的思想性、理论性和说服力。二是通过中国故事的加入，充实思政课理论阐释的事实论据，讲授"新鲜活泼的、为中国老百姓所喜闻乐见的中国作风和中国气派"①，从而增强理论的说服力、感染力和吸引力。当然，在课程体系中"讲好中国故事"不仅仅是思政课的任务。在高校专业教学和授课中，也要挖掘专业背后蕴藏的精神文化，如工匠精神等，并通过专业领域杰出人物的事迹让精神具体化，强化对青年学生的感染力。这些中国故事因为凝聚了专业素养和专业技能，往往比宏大的思政课上的中国故事更能触动、感染学生，从而形成榜样和带动力。

（二）抓住重要的时间节点，发挥纪念日主题教育功能

节日和纪念日是国家软实力文化的重要组成部分。将传统文化与民族精神融为一体，将历史回望与现实生活融为一体，将纪念缅怀与传承习得融为一体。抓住重要节日和纪念日举行主题教育活动，为"讲好中国故事"提供了绝佳的时空场所和氛围。青年节里的爱国精神、端午节里的传统文化、国庆节里的家国情怀、建党节里的理想信念等，都是"讲好中国故事"的重要节点和主题。抓住节日、纪念日等重要节点"讲好中国故事"的形式丰富多样，可以是语言形式的诗词朗诵、文字形式的征文大赛，可以是音乐、绘画、表演等主题活动，还可以是参观实践、"三下乡"等。贴近青年学生的实际情况、发挥青年学子专业所学的活动，都会赢得更多的启迪、共鸣，从而让"讲好中国故事"活起来、实起来、行起来。

---

① 《毛泽东选集》第 3 卷，人民出版社 1991 年版，第 844 页。

（三）用中国故事的正能量掌控虚拟空间话语权

面对网络时代成长起来的青年学生，中国故事讲述者要顺势而为，善用全媒体"讲好中国故事"。全媒体为"讲好中国故事"提供了机遇。相较于传统的单一媒体，全媒体可以同时对场景、人物、情节等进行图文与声像的丰富设置，见人、见事、见情；可以依靠虚拟现实和增强现实技术开展场景式、空间化的故事讲述，赋予中国故事新意与活力、情感与温度，在故事讲述者与受众之间形成互动共鸣、实现对话交流、促成理解共识，从而极大地增强中国故事的吸引力与感染力，不断增强传播效果。但始终要清醒地认识到，在虚拟的网络空间中，中国故事的形式固然非常重要，但持久的影响力和话语把控权最终还要依靠内容。所以高校育人者必须坚定地用中国故事的正能量掌控虚拟空间话语权。国家故事，应该展示国家风格和气派；时代文风，应该体现时代风貌和气质。在网络虚拟空间传播的中国故事，更需要集生动细节、感人描述、立体人物、简明情节、丰富声像于一体。只有这样才能传递文明开放、昂扬奋进的真实的中国形象。越是虚拟信息环境，越需要讲述有血有肉的真实故事。符合时代规律、符合青年期待的叙事作品，才是好的中国故事，才能弘扬社会正能量，才能掌握网络思想政治教育的主动权。

（四）以生为本，师生共同参与

诚然，媒体平台有海量的讲中国故事的宣传纪录片，内容涉及发展成就、深化改革、外交战略、威武之师等。但必须承认的是，大量的中国故事还是较侧重于讲述顶层设计，重视宏观叙述而轻视微观叙事。要在高校"讲好中国故事"，固然要利用好这些中国故事宏大叙述的素材，但要引起大学生的共鸣，还需要更多直击一线的生产场景，需要更多鲜活、丰富的人物呈现，需要聚焦各行各业的普通劳动者的生活图景与生活变迁，需要关注大学生的所思所想，需要使用适合大学生表达习惯的话语体系。只有拉近与学生的距离，营造期待感，传播才有效果。因为真实，所以动人；因为熟悉，所以更加亲近。中国故事讲得好的高校，无一例外都坚持以生为本，时刻倾听学生的心声，汲取青年的创意智慧，创造师生共同参与的讲故事平台。

总之，青年学生是未来中国的塑造者，他们不仅是中国故事的受众，更应该是中国声音的重要传播者、中国故事的重要讲述人。引导他们"讲好中国故事"，才会让他们以理性、客观的态度认识中国国情，了解中国文化，增强文化自信，进而以国家复兴、匹夫有责的姿态，立志为新时代贡献青春力量。

参考文献：

[1] 刘云山. 深入学习贯彻习近平新时代中国特色社会主义思想［M］//《党的十九大报告辅导读本》编写组. 党的十九大报告辅导读本. 北京：人民出版社，2017：5-11.

[2] 王义桅. 讲好中国故事是时代使命（专家解读）［N］. 人民日报（海外版），2016-09-28（9）.

[3] 袁舒婕. 讲好中国故事背后的理论［N］. 人民日报，2019-06-28（9）.

[4] 中共中央宣传部. 习近平新时代中国特色社会主义思想学习纲要［M］. 北京：学习出版社，人民出版社，2019.

[5] 习近平. 习近平谈治国理政：第2卷［M］. 北京：外文出版社，2017.

[6] 毛泽东选集：第3卷［M］. 北京：人民出版社，1991.

践行 高校开展社会主义核心价值观微电影主题活动探究

内容提要：高校开展践行社会主义核心价值观微电影主题实践活动，是对习近平总书记关于思政课要守正创新和社会主义核心价值观教育要"在落细、落小、落实上下功夫"精神的贯彻，活动很有必要性和现实意义。主题实践活动的设计思路与实施路径要严谨科学，注重操作性。活动立意于宏阔远、落行于细小实，着力于体验践行、定位于能力素质，起步于小组合作、比拼于校级选拔的创新思路，赋予主题教育不错的效果。

社会主义核心价值观是当代中国马克思主义——习近平新时代中国特色社会主义思想的重要组成部分，与马克思主义核心价值观思想一脉相承。高校的青年学生高度践行社会主义核心价值观决定了我国高校人才培养的政治底色和使命担当，是我国高等教育培养德智体美劳全面发展的社会主义事业建设者和接班人"铸魂育人"工程的重要组成部分。

一、高校开展践行社会主义核心价值观微电影主题实践活动的必要性和现实意义

党的十八大以来，习近平总书记在不同场合反复强调，社会主义核心价值观教育要"在落细、落小、落实上下功夫"，做到内化于心、外化于行。在2019年3月18日习近平总书记主持召开的学校思政课教师座谈会上，新时代高校社会主义核心价值观教育如何守正创新也是座谈交流的重要主题。何为"守正创新"？"守正"是根基，即要坚定地遵循社会主义核心价值观教育的基本规律、重要使命和根本原则。"创新"是源泉，即要紧跟时代步伐，创新大学生价值观培育和践行方式，使价值观引领更有"温度、情怀和精气神"。

本着守正创新原则和习近平总书记关于社会主义核心价值观教育要

"在落细、落小、落实上下功夫"的思路,广东工贸职业技术学院马克思主义学院依托在建的教育部高校示范马克思主义学院和优秀教学科研团队项目"党的十八大以来高校培育和践行社会主义核心价值观成就和经验研究",历时近 7 个月时间,在全校 2018 级 111 个班 4000 多名学生中开展了"践行社会主义核心价值观 自觉担当时代光荣使命"微电影表演和摄制比赛,展现新时代新青年学子培育和践行社会主义核心价值观的责任意识和使命担当。活动中涌现了大量主题鲜明突出、情节紧凑生动、表演真诚到位、富有正能量的好作品,不仅展示了新时代青年学子践行社会主义核心价值观的青春风采,更坚定了大学生的价值观自信。主题教育项目的开展,也是尝试在目前高校思想政治工作体系中,进一步探索培育和践行社会主义核心价值观的有效途径、方式方法、长效机制等。

基于活动中青年学生表现出的极大积极性、主动性和创造性,学院已规划将社会主义核心价值观微电影表演和摄制竞赛在一届届学生中滚动式地开展下去,从而形成品牌。集理论研究、剧本创作、角色表演、影片拍摄、剪辑制作、交流共享于一体的竞赛活动,非常符合青年学生的年龄和个性特点,极好地促进了青年学生形成既具时代风采又有高雅旨趣的社会主义核心价值观,从而为他们确定积极投身中华民族伟大复兴中国梦的高远理想信念奠定价值观基础。

二、高校开展践行社会主义核心价值观微电影主题实践活动的设计思路与实施路径

任何一项实践活动的开展,方案设计是否严谨科学、操作性强不强是成功与否的关键。践行社会主义核心价值观微电影主题实践活动的设计思路和实施路径当从以下几方面明确。

(一) 活动主题定位要精准

既要紧扣社会主义核心价值观这个主题,又要科学设计活动形式。在主题定位上,不要流于宏大空泛,一定要细化,这样才能让微电影短小精悍。定位于"践行社会主义核心价值观 自觉担当时代光荣使命"微电影表演和摄制比赛,就是内容与形式的双重约定。

（二）活动流程设计要环环相扣

基于社会主义核心价值观教育是高校思政课教育教学的重要内容，活动的组织和指导工作可由马克思主义学院来承担。活动要分阶段进行，且具有竞赛和比拼的色彩，这样才能激发学生参与的积极性、主动性和创意。第一阶段可在班级和二级学院进行比拼，可由马克思主义学院"思想道德修养与法律基础"课的任课教师来指导。第二阶段在校级层面进行优秀作品指导评选、交流汇报，马克思主义学院全体人员均应参与其中。评奖方面，可按 1/3 的获奖面分设特等奖、一等奖、二等奖各若干，并且给获奖小组成员颁发证书和奖金。最后，非常重要的一环是：评选出的优秀作品分批分期在学校官方网站或微信公众号发布，供青年学生和思想政治工作同行交流。

一次主题实践活动一般要历时一个学期，而且应在一届届学生中创造性地持续开展。只有持之以恒、久久为功，方能形成长效机制，发挥品牌效应。

（三）要以竞赛的方式开展活动

为了提高活动的参与度，实现全员参与，主题实践活动起始阶段可与马克思主义学院开设的"思想道德修养与法律基础"课程相结合，因为该课程第四章就是"践行社会主义核心价值观"。开学初，各班该课程的教师就是微电影主题实践活动的指导教师。由他们分班向学生讲解、布置竞赛活动方案。各班按 8 人左右分小组，每小组从 24 字的社会主义核心价值观中选定一个主题。学习委员统筹好主题和分组，将汇总名单报给指导教师。一定要强制性地规定：每个行政班同一主题最多 2 组学生选择。这样才能避免主题出现高重复率。

方案布置下去后，各小组在教师的指导下，利用课余时间，围绕选定的主题进行理论分析、剧本撰写、角色表演、影片拍摄、后期剪辑，最后制作成 6 分钟左右的微电影作品。集中一个时间进行全部小组的课堂汇报及展演分享。在展播和汇报过程中，各教学班成立评委团，对各小组作品按百分制进行评分，并计入当个学期"思想道德修养与法律基础"课的实践成绩。同时，由指导教师按得分高低和主题丰富性标准挑选出自己负责班级和二级学院的优秀作品参与校级征选评奖和交流分享。

(四) 要明确微电影表演和摄制的要求、评分标准

表演和摄制的要求越明晰,学生做出来的作品就越有质量。竞赛活动应以小组为单位,组员各尽所能,分工合作,集体创作。从社会主义核心价值观的12个主题中选择某一项内容,如爱国、敬业、诚信等,围绕选定的内容,紧扣主题进行编剧、表演、拍摄、剪辑、汇报。微电影表演和摄制的所有工作均由本小组成员完成。需要特别强调的是,影片中所有的演员也必须由本小组成员扮演。最后制作成6分钟左右的微电影,进行集中汇报展播。评分标准可从以下几方面制定:①主题鲜明突出,情节紧凑生动,表演真诚到位;②将选定的社会主义核心价值观主题尽量与本专业人才培养目标和职业素养要求相结合,与广东或粤港澳大湾区经济社会发展相结合,展现青年学生的社会责任感和时代敏锐意识;③作品富有正能量,能较好地感染和吸引观众,坚定学生的价值观自信;④小组全员参与,发挥特长和优势,各尽所能,分工合作,共同完成。

三、高校开展践行社会主义核心价值观微电影主题实践活动的创新点

社会主义核心价值观主题实践活动在高校并不鲜见,微电影形式在今天这个融媒体时代即便对身在校园的学生来说也不是特别难的事。所以要使表演和摄制社会主义核心价值观微电影这项主题实践活动更有"温度、情怀和精气神",就必须坚持习近平总书记守正创新的思路,尤其创新方面可从以下几方面着力。

(一) 立意于宏阔远,落行于细小实

本项目的设计立意有三:一是通过编写、表演、制作社会主义核心价值观微电影,引导青年学生对社会主义核心价值观进行理论探索和实践养成体验;二是引导青年学生在中华民族伟大复兴的中国梦实践中主动、先锋性地践行社会主义核心价值观;三是引导青年一代将价值追求和理想信念融于国家、集体和社会的发展大潮和共同理想中。但项目在实施过程中

一定得要求每个小组将宏阔的主题落实于日常生活的某个细小的切入口。围绕社会主义核心价值观进行微电影表演和制作比赛在高校也不少见，但本项目是细化爱国、敬业、诚信等12个主题，每个竞赛小组必须且只能锁定一个主题进行编剧和表演，时长限定为6分钟左右，且必须有完整的故事情节阐释主题，而不是生硬地说教。

（二）着力于体验践行，定位于能力素质

实践活动项目开始时可在一个年级中进行比拼，也可在一个二级学院中进行比拼，但要求每位学生都参与到某个表演和摄制小组中。因为只有全员参与，才能实现社会主义核心价值观教育的目标要求。每个小组的成员既是台前的演员，又要完成幕后编剧和剪辑制作等全部工作，对8人左右的小组来说，可全方位锻炼学生的团队合作、理论研究、写作编剧、语言表达、电影表演、视频剪辑等综合能力。各组所完成的作品，较好地检验了组员团队的综合素质和能力。

（三）起步于小组合作，比拼于校级选拔

项目的初赛可在一个年级或一个学院的全体学生组成的几百个表演摄制小组中开展。经过小组参赛、班级汇报展播、指导教师择优筛选、校级集中评奖、分期分批发布等多个流程，活动历时长，影响面广。学生在理论探究、角色表演、切身体悟的竞赛活动中，加深了对社会主义核心价值观的理论认知和情感认同，提升了对社会主义核心价值观的践行自觉性。众多小组的表演、展播活动丰富了校园生活，使校园内青年学子践行社会主义核心价值观蔚然成风，真正赋予价值观引领"温度、情怀和精气神"。

四、高校开展践行社会主义核心价值观微电影主题实践活动效果评估

任何一项教育教学实践活动，效果评估是必须做的环节。活动效果也是衡量一项实践活动有无持续开展的价值和意义的标准。综合参与学生的反响和指导教师的反馈，社会主义核心价值观微电影主题实践活动取得了

以下几方面的良好成效，非常值得持续滚动式地开展下去。

（一）促进了大学生对社会主义核心价值观思想内涵和精神实质的自主学习、深入挖掘和透彻理解

每一个参赛小组要在12个主题的社会主义核心价值观中选择一个集中进行表演诠释和摄制剪辑，必须对选定的主题进行深入的分析研究，对拍摄切入口进行精准定位，在此基础上才能构思剧本、定位人设。微电影表演和摄制活动的开展，是课堂显性社会主义核心价值观教育的延伸，拓展了教育的时空广度，丰富了教育形式。

（二）促进了大学生社会主义核心价值观的实践养成，强化了大学生的责任意识和使命担当

首先，通过微电影的表演体验，引导大学生做社会主义核心价值观的坚定信仰者、积极传播者、模范践行者，展现了青年学生良好的创新精神和青春风采。其次，通过几百个表演摄制小组的活动，对"社会化大课堂"进行模拟再现，在校内和周边社区发挥了较好的辐射带动作用。最后，将培育和践行社会主义核心价值观这样的宏大话题与学生的日常生活体验相结合，将核心价值观教育融入大学生的专业学习、校园生活、社会实践中，潜移默化地陶育了大学生的思与行。

（三）锻炼了大学生的团队合作、理论研究、写作编剧、语言表达、电影表演、视频制作等多方面的能力，提升了学生的综合素质

既扣准社会主义核心价值观的某项主题又与各自所学专业相结合的微电影创意和编剧主旨，从小组到班级再到学校层层选拔的活动流程，全员参与、独立完成项目所有任务的要求，既纳入课程实践考核又参与校级评奖的评估机制，以上四方面清晰的竞赛设计和指引，发动全部学生参与到竞赛活动中，极好地提升了青年学生的思想政治素质、职业道德素养和多方面的综合能力，是一次比较成功的社会主义核心价值观全员教育活动。活动中青年学生表现出来的积极性、主动性和创新精神，激励指导教师将

此项活动在后届学生中接续开展下去,并且有可能将其塑造成品牌。

  总之,新时代青年学生的使命就是要为实现"两个一百年"奋斗目标和中华民族伟大复兴的中国梦而奋斗。社会主义核心价值观是他们在大学期间和未来漫长人生路上的基本人生遵循。社会生活是瞬息万变的,实践是对现实最鲜活的体悟和融入。社会主义核心价值观不能只是书斋里的理论和空洞的口号,而必须在生活场景中再现和被践行。电影表演尽管只是艺术,但架起了一座理论与生活现实之间的桥梁,为大学生社会主义核心价值观实践养成提供了亲自动手、亲身参与、切身体验、真切认知的有效路径。

参考文献：

［1］习近平. 决胜全面建成小康社会　夺取新时代中国特色社会主义伟大胜利：在中国共产党第十九次全国代表大会上的报告［M］. 北京：人民出版社，2017：42.

［2］张烁. 用新时代中国特色社会主义思想铸魂育人　贯彻党的教育方针落实立德树人根本任务［N］. 人民日报，2019-03-19（1）.

［3］习近平. 习近平谈治国理政：第2卷［M］. 北京：外文出版社，2017：378.

［4］李悦池. "微时代"社会主义核心价值观教育的话语表达范式转向［J］. 江苏高教，2019（2）：72-76.

［5］胡浩，施雨岑. 打牢学生成长成才的科学思想基础：全国高校思想政治工作会议以来学校思想政治理论课建设综述［EB/OL］.（2019-03-17）[2020-05-03］. http://www.moe.gov.cn/jyb_xwfb/s5147/201903/t20190317_373816.html.

第四编 附录

附录一 "大学生认同与践行社会主义核心价值观现状"调查问卷

亲爱的同学：

  你好！以下是我们为了进行教育部高校示范马克思主义学院和优秀教学科研团队建设项目"党的十八大以来高校培育和践行社会主义核心价值观成就和经验研究"而设计的问卷。本问卷旨在从总体上了解和研究大学生对社会主义核心价值观的领悟、认同与践行情况。请你根据自己的具体情况和诚实理解在各题所列选项中选出最认同的答案。除特别注明外，均为单选。问卷无须署名，且所得结果只做团体性分析，不做任何个别呈现。非常感谢你的支持与协助！

1. 你的年级是（   ）
   A. 2018 级
   B. 2017 级
   C. 2016 级
   D. 2015 级
2. 你是（   ）
   A. 党员或预备党员
   B. 入党积极分子
   C. 共青团员
   D. 普通群众
3. 你了解社会主义核心价值观吗？（   ）
   A. 很了解
   B. 知道一些
   C. 仅听说过
   D. 不清楚

4. 你主要通过什么途径、方式了解社会主义核心价值观？（　　）（可多选）

   A. 思政课

   B. 党员、团干培训和学术报告

   C. 社会实践活动和校园文化活动

   D. 网络、电视、杂志、报纸等媒体资源

   E. 几乎没了解过

5. 你认为社会主义核心价值观的概括表述是否易于理解和记忆？（　　）

   A. 很容易理解和记忆

   B. 不太容易理解和记忆

   C. 很难理解和记忆

   D. 说不清

6. 你认为当代大学生对社会主义核心价值观的认同状况是（　　）

   A. 非常认同

   B. 比较认同

   C. 不太认同

7. 你认为党的十八大以来高校社会主义核心价值观教育成效如何？（　　）

   A. 取得很大成效

   B. 取得较好成效

   C. 成效一般

   D. 很不理想

8. 你是否认同社会主义核心价值观？（　　）

   A. 非常认同

   B. 比较认同

   C. 不太认同

9. 你认为大学生群体在践行社会主义核心价值观方面表现如何？（　　）

   A. 非常好

   B. 较好

   C. 一般

   D. 很差

10. 你认为自己在学习、工作和生活中是否主动践行了社会主义核心价值观？（　　）

A. 是的，我积极、主动、自觉地按社会主义核心价值观要求自己，并完全做到

B. 争取践行，但并没有完全做到

C. 道理上懂得并认同，但在现实生活中很难做到

11. 你认为社会主义核心价值观对大学生的学习、生活和将来的工作是否有影响？（　　）

   A. 有重要影响

   B. 有一些影响

   C. 没影响

12. 你是否有记忆深刻的践行社会主义核心价值观的案例？（　　）

   A. 有很多

   B. 有过一些

   C. 从未有过

   D. 没有留意

13. 凭感性认识将大学生这一群体与社会其他人群相比，你如何评价他们践行"爱国、敬业、诚信、友善"的情况？（　　）

   A. 大学生是所有公众中最好地践行这些价值观的群体

   B. 大学生比社会大多数人群更好地践行了这些价值观

   C. 差不多，大学生没有做得更好

   D. 大学生做得还不如社会其他人群

14. 你如何评价高校教师这一群体对"爱国、敬业、诚信、友善"的践行情况？（　　）

   A. 很好地践行了

   B. 较好地践行了

   C. 践行一般

   D. 践行很差

15. 你所在的大学、院系或班级是否开展过社会主义核心价值观主题班会或实践活动？（　　）

   A. 经常开展

   B. 偶尔开展

   C. 从未开展

16. 你对学校开展的社会主义核心价值观理论教育或实践活动是否满意？（　　）

A. 很满意

B. 比较满意

C. 不太满意

D. 很不满意

17. 你认为大学生践行社会主义核心价值观主要应该（   ）

    A. 靠自律，因为大学生已经是成年人

    B. 靠他律，学校应该严格各项规章制度

    C. 靠社会良好环境的带动和影响

    D. 自律、他律和环境影响相结合

18. 你认为校方应该怎样做才能更加长久而有效地引领大学生认同和践行社会主义核心价值观？（   ）（可多选）

    A. 高校教职工以身作则，带头践行，发挥言传身教的作用

    B. 将社会主义核心价值观融入思政课课堂教学和实践教学中，发挥主渠道、主阵地作用

    C. 制定和实施大学生培育和践行社会主义核心价值观测评指标体系，并融会贯通到学校各级各类评先评优评奖活动中

    D. 弘扬主旋律和正能量，全面提升校园文化活动的品位和格调

"大学生认同与践行社会主义核心价值观现状"调查问卷默认分析报告

1. 抽样省份：广东、江苏2个沿海省份和江西、安徽2个中部省份，共6所高校。
2. 兼顾本科、高职院校。
3. 调查时间：2018年12月。

1. 你的年级是（ ） ［单选题］

选项	小计	比例	
A. 2018级	964		58.96%
B. 2017级	566		34.62%
C. 2016级	75		4.59%
D. 2015级	30		1.83%
本题有效填写人次	1635		

2. 你是（ ） ［单选题］

选项	小计	比例	
A. 党员或预备党员	44		2.69%
B. 入党积极分子	80		4.89%
C. 共青团员	1178		72.05%
D. 普通群众	333		20.37%
本题有效填写人次	1635		

3. 你了解社会主义核心价值观吗？（　　） ［单选题］

选项	小计	比例
A. 很了解	453	27.71%
B. 知道一些	1097	67.09%
C. 仅听说过	74	4.53%
D. 不清楚	11	0.67%
本题有效填写人次	1635	

4. 你主要通过什么途径、方式了解社会主义核心价值观？（　　） ［多选题］

选项	小计	比例
A. 思政课	1420	86.85%
B. 党员、团干培训和学术报告	418	25.57%
C. 社会实践活动和校园文化活动	931	56.94%
D. 网络、电视、杂志、报纸等媒体资源	1217	74.43%
E. 几乎没了解过	22	1.35%
本题有效填写人次	1635	

5. 你认为社会主义核心价值观的概括表述是否易于理解和记忆？（　　） ［单选题］

选项	小计	比例
A. 很容易理解和记忆	847	51.80%
B. 不太容易理解和记忆	683	41.77%
C. 很难理解和记忆	31	1.90%
D. 说不清	74	4.53%
本题有效填写人次	1635	

6. 你认为当代大学生对社会主义核心价值观的认同状况是（　　）
   ［单选题］

选项	小计	比例	
A. 非常认同	649		39.69%
B. 比较认同	961		58.78%
C. 不太认同	25		1.53%
本题有效填写人次	1635		

7. 你认为党的十八大以来高校社会主义核心价值观教育成效如何？
   （　　）　　［单选题］

选项	小计	比例	
A. 取得很大成效	536		32.78%
B. 取得较好成效	845		51.68%
C. 成效一般	254		15.54%
D. 很不理想	0		0%
本题有效填写人次	1635		

8. 你是否认同社会主义核心价值观？（　　）　　［单选题］

选项	小计	比例	
A. 非常认同	1221		74.68%
B. 比较认同	400		24.46%
C. 不太认同	14		0.86%
本题有效填写人次	1635		

9. 你认为大学生群体在践行社会主义核心价值观方面表现如何？（　　）
   ［单选题］

选项	小计	比例	
A. 非常好	250		15.29%
B. 较好	1021		62.45%
C. 一般	353		21.59%
D. 很差	11		0.67%
本题有效填写人次	1635		

10. 你认为自己在学习、工作和生活中是否主动践行了社会主义核心价值观？（　　）　［单选题］

选项	小计	比例
A. 是的，我积极、主动、自觉地按社会主义核心价值观要求自己，并完全做到	543	33.21%
B. 争取践行，但并没有完全做到	974	59.57%
C. 道理上懂得并认同，但在现实生活中很难做到	118	7.22%
本题有效填写人次	1635	

11. 你认为社会主义核心价值观对大学生的学习、生活和将来的工作是否有影响？（　　）　［单选题］

选项	小计	比例
A. 有重要影响	1204	73.64%
B. 有一些影响	414	25.32%
C. 没影响	17	1.04%
本题有效填写人次	1635	

12. 你是否有记忆深刻的践行社会主义核心价值观的案例？（　　）　［单选题］

选项	小计	比例
A. 有很多	226	13.82%
B. 有过一些	1147	70.15%
C. 从未有过	88	5.38%
D. 没有留意	174	10.64%
本题有效填写人次	1635	

13. 凭感性认识将大学生这一群体与社会其他人群相比，你如何评价他们践行"爱国、敬业、诚信、友善"的情况？（　　）　　[单选题]

选项	小计	比例
A. 大学生是所有公众中最好地践行这些价值观的群体	483	29.54%
B. 大学生比社会大多数人群更好地践行了这些价值观	888	54.31%
C. 差不多，大学生没有做得更好	248	15.17%
D. 大学生做得还不如社会其他人群	16	0.98%
本题有效填写人次	1635	

14. 你如何评价高校教师这一群体对"爱国、敬业、诚信、友善"的践行情况？（　　）　　[单选题]

选项	小计	比例
A. 很好地践行了	622	38.04%
B. 较好地践行了	863	52.78%
C. 践行一般	144	8.81%
D. 践行很差	6	0.37%
本题有效填写人次	1635	

15. 你所在的大学、院系或班级是否开展过社会主义核心价值观主题班会或实践活动？（　　）　　[单选题]

选项	小计	比例
A. 经常开展	724	44.28%
B. 偶尔开展	850	51.99%
C. 从未开展	61	3.73%
本题有效填写人次	1635	

16. 你对学校开展的社会主义核心价值观理论教育或实践活动是否满意？
（　　）　　［单选题］

选项	小计	比例
A. 很满意	607	37.13%
B. 比较满意	938	57.37%
C. 不太满意	80	4.89%
D. 很不满意	10	0.61%
本题有效填写人次	1635	

17. 你认为大学生践行社会主义核心价值观主要应该（　　）　　［单选题］

选项	小计	比例
A. 靠自律，因为大学生已经是成年人	751	45.93%
B. 靠他律，学校应该严格各项规章制度	64	3.91%
C. 靠社会良好环境的带动和影响	171	10.46%
D. 自律、他律和环境影响相结合	649	39.69%
本题有效填写人次	1635	

18. 你认为校方应该怎样做才能更加长久而有效地引领大学生认同和践行社会主义核心价值观？（　　）　　［多选题］

选项	小计	比例
A. 高校教职工以身作则，带头践行，发挥言传身教的作用	1427	87.28%

（续上表）

选项	小计	比例
B. 将社会主义核心价值观融入思政课课堂教学和实践教学中，发挥主渠道、主阵地作用	1405	85.93%
C. 制定和实施大学生培育和践行社会主义核心价值观测评指标体系，并融会贯通到学校各级各类评先评优评奖活动中	1275	77.98%
D. 弘扬主旋律和正能量，全面提升校园文化活动的品位和格调	1269	77.61%
本题有效填写人次	1635	

附录三 "党的十八大以来高校培育和践行社会主义核心价值观成就和经验"调查问卷

(适用于教师)

尊敬的各位老师：

您好！以下是我们为了开展教育部高校示范马克思主义学院和优秀教学科研团队建设项目"党的十八大以来高校培育和践行社会主义核心价值观成就和经验研究"而设计的问卷。问卷旨在了解高校培育和践行社会主义核心价值观的现实状况，特别是一些创新做法和共性经验；同时也关注思想政治教育工作者对高校未来进行社会主义核心价值观教育的一些思考和建议。请您根据所在高校的具体情况和您的真实理解，在各题所列选项中选出最认同的答案。除特别注明外，均为单选。请您放心：问卷所得结果只做团体性分析，不做任何个别呈现。非常感谢您的支持与协助！

1. 您的身份是（ ）
   A. 思政课专任教师
   B. 辅导员
   C. 院系专业课教师
   D. 学校党政工作人员、院系党支部书记、宣传部门工作人员
   E. 其他
2. 您所在的学校是（ ）
   A. 本科
   B. 高职
3. 您认为当前大学生对社会主义核心价值观的认同与践行状况是（   ）
   A. 高度认同、高度践行
   B. 高度认同、中度践行

C. 中度认同、中度践行

D. 低度认同、低度践行

4. 您认为党的十八大以来高校培育和践行社会主义核心价值观共性的成功经验有（　　）（可多选）

   A. 坚持学校党委统一领导，加强顶层设计、协同创新

   B. 将社会主义核心价值观有机融入高校软硬件建设中

   C. 高校和政府部门、兄弟院校、社区街道等建立合作机制，打造核心价值观教育"社会化大课堂"

   D. 发挥思政课主渠道、主阵地的作用

   E. 将社会主义核心价值观融入专业课教育教学中

   F. 通过丰富多样的社会实践活动促进认同与践行

   G. 创新传统的校园宣传平台，打造网络新媒体平台

   H. 将大学生践行社会主义核心价值观的情况纳入量化测评指标体系

5. 您认为高校思政课在引导大学生培育和践行社会主义核心价值观方面的效果如何？（　　）

   A. 很好

   B. 较好

   C. 一般

   D. 差

6. 您认为高校开展的"三下乡"、红色之旅、志愿者活动、社区服务等校外社会实践活动在引导大学生培育和践行社会主义核心价值观方面的效果如何？（　　）

   A. 很好

   B. 较好

   C. 一般

   D. 差

7. 您认为高校开展的艺术节、辩论赛、歌手大赛等校园文化活动在引导大学生培育和践行社会主义核心价值观方面的效果如何？（　　）

   A. 很好

   B. 较好

   C. 一般

   D. 差

8. 您认为高校思想政治工作者对社会主义核心价值观的意义价值、科学

内涵、教育机制等的认识和理解程度如何？（　　）

A. 很好

B. 较好

C. 一般

D. 差

9. 您认为社会主义核心价值观与高校思政课教学内容是否做到了融会贯通？（　　）

A. 完全融会贯通

B. 基本融会贯通

C. 没有融会贯通

10. 您认为社会主义核心价值观教育与高校专业建设和专业课教学是否做到了融会贯通？（　　）

A. 完全融会贯通

B. 基本融会贯通

C. 没有融会贯通

11. 您认为高校要进一步推进大学生培育和践行社会主义核心价值观面临的最大困难和挑战是（　　）

A. 教育者自身对社会主义核心价值观的认识和理解深度不够

B. 大学生在思想上对社会主义核心价值观的认同有限

C. 大学生在行为上不愿高度践行社会主义核心价值观

D. 思想政治教育方式方法落后陈旧，教育教学效果差

E. 高校整体上没有形成效果好、质量高、操作性和推广性强的培育和践行机制

12. 您认为目前要进一步推进社会主义核心价值观培育和践行工作，在宏观层面最迫切要做的是（　　）

A. 教育主管部门要从制度、人才、资金、项目等多方面建立健全体制机制

B. 学校领导层要真正贯彻立德树人、德育为先的理念，将社会主义核心价值观教育全面融入人才培养工作中

C. 高校要全面提升马克思主义学院或思政课教学部整体的科研、教学及育人能力

D. 专业院系要主动、自觉地将社会主义核心价值观教育融入人才培养工作中

13. 您认为目前要进一步促进大学生培育和践行社会主义核心价值观,在微观层面最迫切要做的是(　　)
    A. 马克思主义学院或思政课教学部在学科、课程方面要加强建设,强化思政课主阵地、主渠道功能
    B. 专业院系的基层党组织建设工作要加强,更好地发挥其教育、引领、助推、服务功能
    C. 开设"社会主义核心价值观教育"课程
    D. 加强以社会主义核心价值观为主题的大学生社会实践活动
    E. 强化校园文化的社会主义主流意识形态色彩
    F. 加强师德师风建设,发挥教师在践行社会主义核心价值观方面的示范作用
    G. 主动占领网络思想政治教育阵地

14. 党的十八大以来,贵校是否获得过与社会主义核心价值观教育工作相关的表彰?(　　)
    A. 获得过国家级表彰
    B. 获得过省部级表彰
    C. 获得过行业表彰
    D. 从未获得过此类表彰

15. 党的十八大以来,贵校社会主义核心价值观教育工作主要由(　　)承担
    A. 马克思主义学院或思政课教学部
    B. 学工部门和二级学院党总支
    C. 多个部门协同承担
    D. 无这方面的专门工作

16. 党的十八大以来,贵校社会主义核心价值观教育的主要载体是(　　)(可多选)
    A. 思政课教学
    B. 大学生社会实践
    C. 日常的学生思想政治工作
    D. 将社会主义核心价值观融入专业课教育教学中
    E. 党课教育
    F. 社团工作和校园文化建设
    G. 学校公众号、广播台、校报等线上线下媒体

17. 党的十八大以来,贵校社会主义核心价值观教育工作做得最好的是（   ）

    A. 思政课教学

    B. 大学生社会实践

    C. 日常的学生思想政治工作

    D. 将社会主义核心价值观融入专业课教育教学中

    E. 党课教育

    F. 社团工作和校园文化建设

    G. 学校公众号、广播台、校报等线上线下媒体全方位引导

18. 在记忆中,您自己是否对学生开展过社会主义核心价值观教育工作？（   ）

    A. 是

    B. 否

    （选 B 者下一题不用回答）

19. 您曾经开展过以下哪些社会主义核心价值观教育工作？（   ）（可多选）

    A. 在思政课教学中讲授

    B. 带领大学生参加社会实践活动

    C. 指导社团工作和校园文化活动

    D. 讲授党课

    E. 在学生的日常思想政治工作中自觉渗透

    F. 其他

附录四 "党的十八大以来高校培育和践行社会主义核心价值观成就和经验"调查问卷默认分析报告

调查时间:2019年3月。

1. 您的身份是（   ）　　[单选题]

选项	小计	比例
A. 思政课专任教师	69	54.76%
B. 辅导员	13	10.32%
C. 院系专业课教师	31	24.60%
D. 学校党政工作人员、院系党支部书记、宣传部门工作人员	7	5.56%
E. 其他	6	4.76%
本题有效填写人次	126	

2. 您所在的学校是（   ）　　[单选题]

选项	小计	比例
A. 本科	31	24.60%
B. 高职	95	75.40%
本题有效填写人次	126	

3. 您认为当前大学生对社会主义核心价值观的认同与践行状况是（　　）
　　[单选题]

选项	小计	比例
A. 高度认同、高度践行	45	35.71%
B. 高度认同、中度践行	74	58.73%
C. 中度认同、中度践行	6	4.76%
D. 低度认同、低度践行	1	0.80%
本题有效填写人次	126	

4. 您认为党的十八大以来高校培育和践行社会主义核心价值观共性的成功经验有（　　）　　[多选题]

选项	小计	比例
A. 坚持学校党委统一领导，加强顶层设计、协同创新	103	81.75%
B. 将社会主义核心价值观有机融入高校软硬件建设中	77	61.11%
C. 高校和政府部门、兄弟院校、社区街道等建立合作机制，打造核心价值观教育"社会化大课堂"	65	51.59%
D. 发挥思政课主渠道、主阵地的作用	100	79.37%
E. 将社会主义核心价值观融入专业课教育教学中	83	65.87%
F. 通过丰富多样的社会实践活动促进认同与践行	100	79.37%
G. 创新传统的校园宣传平台，打造网络新媒体平台	87	69.05%

（续上表）

选项	小计	比例
H. 将大学生践行社会主义核心价值观的情况纳入量化测评指标体系	50	39.68%
本题有效填写人次	126	

5. 您认为高校思政课在引导大学生培育和践行社会主义核心价值观方面的效果如何？（　　）　［单选题］

选项	小计	比例
A. 很好	41	32.54%
B. 较好	65	51.59%
C. 一般	20	15.87%
D. 差	0	0%
本题有效填写人次	126	

6. 您认为高校开展的"三下乡"、红色之旅、志愿者活动、社区服务等校外社会实践活动在引导大学生培育和践行社会主义核心价值观方面的效果如何？（　　）　［单选题］

选项	小计	比例
A. 很好	60	47.62%
B. 较好	55	43.65%
C. 一般	11	8.73%
D. 差	0	0%
本题有效填写人次	126	

7. 您认为高校开展的艺术节、辩论赛、歌手大赛等校园文化活动在引导大学生培育和践行社会主义核心价值观方面的效果如何？（　　）
［单选题］

选项	小计	比例
A. 很好	50	39.68%
B. 较好	58	46.03%

（续上表）

选项	小计	比例
C. 一般	18	14.29%
D. 差	0	0%
本题有效填写人次	126	

8. 您认为高校思想政治工作者对社会主义核心价值观的意义价值、科学内涵、教育机制等的认识和理解程度如何？（ ）　　[单选题]

选项	小计	比例
A. 很好	40	31.75%
B. 较好	66	52.38%
C. 一般	20	15.87%
D. 差	0	0%
本题有效填写人次	126	

9. 您认为社会主义核心价值观与高校思政课教学内容是否做到了融会贯通？（ ）　　[单选题]

选项	小计	比例
A. 完全融会贯通	31	24.60%
B. 基本融会贯通	90	71.43%
C. 没有融会贯通	5	3.97%
本题有效填写人次	126	

10. 您认为社会主义核心价值观教育与高校专业建设和专业课教学是否做到了融会贯通？（ ）　　[单选题]

选项	小计	比例
A. 完全融会贯通	17	13.49%
B. 基本融会贯通	69	54.76%
C. 没有融会贯通	40	31.75%
本题有效填写人次	126	

11. 您认为高校要进一步推进大学生培育和践行社会主义核心价值观面临的最大困难和挑战是（　　）　［单选题］

选项	小计	比例
A. 教育者自身对社会主义核心价值观的认识和理解深度不够	15	11.90%
B. 大学生在思想上对社会主义核心价值观的认同有限	25	19.84%
C. 大学生在行为上不愿高度践行社会主义核心价值观	17	13.49%
D. 思想政治教育方式方法落后陈旧，教育教学效果差	15	11.90%
E. 高校整体上没有形成效果好、质量高、操作性和推广性强的培育和践行机制	54	42.86%
本题有效填写人次	126	

12. 您认为目前要进一步推进社会主义核心价值观培育和践行工作，在宏观层面最迫切要做的是（　　）　［单选题］

选项	小计	比例
A. 教育主管部门要从制度、人才、资金、项目等多方面建立健全体制机制	47	37.30%
B. 学校领导层要真正贯彻立德树人、德育为先的理念，将社会主义核心价值观教育全面融入人才培养工作	46	36.51%
C. 高校要全面提升马克思主义学院或思政课教学部整体的科研、教学及育人能力	20	15.87%

（续上表）

选项	小计	比例
D. 专业院系要主动、自觉地将社会主义核心价值观教育融入人才培养工作中	13	10.32%
本题有效填写人次	126	

13. 您认为目前要进一步促进大学生培育和践行社会主义核心价值观，在微观层面最迫切要做的是（　　）　　［单选题］

选项	小计	比例
A. 马克思主义学院或思政课教学部在学科、课程方面要加强建设，强化思政课主阵地、主渠道功能	45	35.71%
B. 专业院系的基层党组织建设工作要加强，更好地发挥其教育、引领、助推、服务功能	25	19.84%
C. 开设"社会主义核心价值观教育"课程	4	3.17%
D. 加强以社会主义核心价值观为主题的大学生社会实践活动	21	16.67%
E. 强化校园文化的社会主义主流意识形态色彩	12	9.52%
F. 加强师德师风建设，发挥教师在践行社会主义核心价值观方面的示范作用	9	7.14%
G. 主动占领网络思想政治教育阵地	10	7.94%
本题有效填写人次	126	

14. 党的十八大以来，贵校是否获得过与社会主义核心价值观教育工作相关的表彰？（ ） [单选题]

选项	小计	比例
A. 获得过国家级表彰	11	8.73%
B. 获得过省部级表彰	53	42.06%
C. 获得过行业表彰	18	14.29%
D. 从未获得过此类表彰	44	34.92%
本题有效填写人次	126	

15. 党的十八大以来，贵校社会主义核心价值观教育工作主要由（ ）承担 [单选题]

选项	小计	比例
A. 马克思主义学院或思政课教学部	76	60.32%
B. 学工部门和二级学院党总支	12	9.52%
C. 多个部门协同承担	37	29.37%
D. 无这方面的专门工作	1	0.79%
本题有效填写人次	126	

16. 党的十八大以来，贵校社会主义核心价值观教育的主要载体是（ ） [多选题]

选项	小计	比例
A. 思政课教学	116	92.06%
B. 大学生社会实践	95	75.40%
C. 日常的学生思想政治工作	87	69.05%
D. 将社会主义核心价值观融入专业课教育教学中	49	38.89%
E. 党课教育	84	66.67%

(续上表)

选项	小计	比例
F. 社团工作和校园文化建设	77	61.11%
G. 学校公众号、广播台、校报等线上线下媒体	68	53.97%
本题有效填写人次	126	

17. 党的十八大以来,贵校社会主义核心价值观教育工作做得最好的是（　　）　[单选题]

选项	小计	比例
A. 思政课教学	70	55.56%
B. 大学生社会实践	23	18.25%
C. 日常的学生思想政治工作	5	3.97%
D. 将社会主义核心价值观融入专业课教育教学中	6	4.76%
E. 党课教育	4	3.17%
F. 社团工作和校园文化建设	9	7.14%
G. 学校公众号、广播台、校报等线上线下媒体全方位引导	9	7.14%
本题有效填写人次	126	

18. 在记忆中,您自己是否对学生开展过社会主义核心价值观教育工作？（　　）（注：此题选B则不用答第19题）　[单选题]

选项	小计	比例
A. 是	112	88.89%
B. 否	14	11.11%
本题有效填写人次	126	

19. 您曾经开展过以下哪些社会主义核心价值观教育工作？（　　）
    [多选题]

选项	小计	比例
A. 在思政课教学中讲授	84	66.67%
B. 带领大学生参加社会实践活动	56	44.44%
C. 指导社团工作和校园文化活动	53	42.06%
D. 讲授党课	38	30.16%
E. 在学生的日常思想政治工作中自觉渗透	64	50.79%
F. 其他	26	20.63%
本题有效填写人次	126	

附录五 "社会主义核心价值体系融入大学生思想政治教育现状与对策"调查问卷

(适用于教师)

尊敬的同行:

您好!以下是我们为了开展广东省教育科学"十二五"规划德育研究专项课题"社会主义核心价值体系融入大学生思想政治教育研究"而设计的问卷。本调查旨在了解高校将社会主义核心价值体系融入大学生思想政治教育的现实状况,以及高校思想政治教育工作者的一些工作思考和创新。请您根据自己的具体情况和真实理解在各题所列选项中选出最认同的答案,并将所选项的序号写在后面的括号中。除特别注明外,均为单选。请您放心:问卷所得结果只做团体性分析,不做任何个别呈现。问卷无须署名。非常感谢您的支持与协助!

广东省教育科学"十二五"规划德育研究专项
"社会主义核心价值体系融入大学生思想政治教育研究"课题组
2014年2月

1. 您的身份是( )
   A. 思政课专任教师
   B. 学工处、共青团干部
   C. 辅导员
   D. 学校党政工作人员、院系党支部书记、宣传部门工作人员
   E. 其他
2. 您所在的学校是( )
   A. 本科
   B. 高职

3. 您认为加强大学生社会主义核心价值体系教育的主要载体是（   ）
   A. 思政课教学
   B. 大学生社会实践
   C. 社团工作和校园文化建设
   D. 党课教育
   E. 大学生日常思想政治工作
   F. 电视、报纸、网络等社会媒体

4. 您所在的学校在引导大学生认同和践行社会主义核心价值体系方面做得最好的是（   ）
   A. 思政课教学
   B. 大学生社会实践
   C. 日常的学生思想政治工作
   D. 社团工作和校园文化建设
   E. 党课教育

5. 在记忆中，您是否曾经自觉地将社会主义核心价值体系融入大学生的思想政治教育工作中？（   ）
   A. 是
   B. 否
   （选 B 者下一题不用回答）

6. 如果您曾经自觉地将社会主义核心价值体系融入大学生的思想政治教育工作中，那么是在以下何项工作中？（   ）
   A. 思政课教学
   B. 大学生社会实践
   C. 社团工作和校园文化建设
   D. 党课教育
   E. 学生的日常思想政治工作
   F. 其他

7. 您认为高校思政课在引导大学生认同社会主义核心价值体系、培育和践行社会主义核心价值观方面的效果如何？（   ）
   A. 非常好
   B. 较好
   C. 一般
   D. 差

E. 不清楚

8. 您认为高校开展的诸如"三下乡"、红色之旅、社区服务、爱国主义教育基地参观考察等社会实践活动在引导大学生认同社会主义核心价值体系方面的效果如何？（   ）

   A. 非常好

   B. 较好

   C. 一般

   D. 差

   E. 不清楚

9. 您认为高校开展的一些诸如艺术节、辩论赛等校园文化活动在引导大学生认同社会主义核心价值体系、培育和践行社会主义核心价值观方面的效果如何？（   ）

   A. 非常好

   B. 较好

   C. 一般

   D. 差

   E. 不清楚

10. 您认为高校思想政治教育工作者对社会主义核心价值体系和社会主义核心价值观的科学内涵、建设情况等的认识和理解程度如何？（   ）

    A. 非常好

    B. 较好

    C. 一般

    D. 差

    E. 不清楚

11. 您认为社会主义核心价值体系与高校思政课的教学内容是否做到了融会贯通？（   ）

    A. 完全融会贯通

    B. 基本融会贯通

    C. 没有融会贯通，基本上是"两张皮"

    D. 不清楚

12. 您认为目前要进一步推进社会主义核心价值体系融入大学生思想政治教育，促进大学生对社会主义核心价值体系的认同与践行，面临的最大困难和挑战是（   ）

A. 从教者对社会主义核心价值体系融入大学生思想政治教育的内涵、本质、要求把握不准
B. 受教育者——当代大学生丰富的个性差异和多样化的价值观,对接受机制的创新和改革提出了全新的挑战
C. 社会主义核心价值体系的内容体系与当代大学生思想意识、价值观念之间的差异性太大
D. 在融入的实现路径方面,各高校依然没有探索出一些具体的、效果好的可操作性策略
E. 以上均不是

13. 您认为目前要进一步推进社会主义核心价值体系融入大学生思想政治教育,促进大学生对社会主义核心价值体系的认同与践行,在宏观原则性策略方面,最迫切的是(   )
    A. 学校领导层要真正贯彻德育为先的理念,且将社会主义核心价值体系建设与大学精神传承融为一体
    B. 社会要营造真正有恒久影响力、高度说服力的核心价值体系和价值观
    C. 从教者要将社会主义核心价值体系教育与大学生的人生发展和思想实际相结合,坚持以学生为本,充分体现人文关怀
    D. 以上均不是

14. 您认为目前要进一步推进社会主义核心价值体系融入大学生思想政治教育,促进大学生对社会主义核心价值体系的认同与践行,在具体操作性策略方面,最迫切的是(   )
    A. 强化党组织的教育功能、服务功能、推动功能
    B. 加强现有的思政课主阵地的建设
    C. 增设专门的"社会主义核心价值体系与社会主义核心价值观教育"课程
    D. 加强大学生的社会实践
    E. 加强校园文化等环境建设
    F. 加强师德建设
    G. 主动占领网络思想政治教育阵地

15. 您认为高校社会主义核心价值体系教育的理想状态应该是(   )
    A. 从上至下高度重视,加强宣传,使社会主义核心价值体系对高校思想政治教育工作真正起统领作用

B. 将社会主义核心价值体系融入现有的思想政治教育载体，再潜移默化地将其转化为大学生的自觉追求
C. 无所作为，交给大众传播媒介
D. 其他

附录六 大学生"践行社会主义核心价值观 自觉担当时代光荣使命"微电影表演与摄制比赛活动方案与总结

一、活动意义

社会主义核心价值观是当代中国马克思主义——习近平新时代中国特色社会主义思想的重要组成部分,与马克思主义核心价值观思想一脉相承。青年学生高度践行社会主义核心价值观决定了高校人才培养的政治底色和使命担当,是我国高等教育培养德智体美劳全面发展的社会主义事业建设者和接班人"铸魂育人"工程的重要组成部分。本着守正创新原则和习近平总书记关于高校社会主义核心价值观教育要"在落细、落小、落实上下功夫"的思路,2018年9月至2019年3月,广东工贸职业技术学院马克思主义学院依托在建的教育部高校示范马克思主义学院和优秀教学科研团队项目"党的十八大以来高校培育和践行社会主义核心价值观成就和经验研究",历时近7个月时间,在全校2018级111个班4000多名学生中开展了"广东工贸职业技术学院大学生践行社会主义核心价值观微电影表演和摄制比赛",展现了新时代新青年培育和践行社会主义核心价值观的责任意识和使命担当。活动中涌现了大量主题鲜明突出、情节紧凑生动、表演真诚到位、富有正能量的好作品,不仅展示了新时代青年学子践行社会主义核心价值观的青春风采,更坚定了大学生的价值观自信。主题教育项目的开展,也是尝试在目前高校思想政治工作体系中,进一步探索培育和践行社会主义核心价值观的有效途径、方式方法、长效机制等。

基于活动中青年学生表现出的极大积极性、主动性和创造性,马克思主义学院规划将社会主义核心价值观微电影表演和摄制竞赛在一届届学生中滚动式地开展下去，从而形成品牌。集理论研究、剧本创作、角色表演、影片拍摄、剪辑制作、交流共享于一体的竞赛活动，极好地促进了青年学子形成既具时代风采又有高雅旨趣的社会主义核心价值观，从而为他们确定积极投身中华民族伟大复兴中国梦的高远理想信念奠定价值观基础。

二、活动实施

（一）竞赛项目主题

竞赛项目主题为"践行社会主义核心价值观　自觉担当时代光荣使命"。

（二）竞赛项目组织和指导人员

班级、二级学院比拼阶段：马克思主义学院"思想道德修养与法律基础"课全体任课教师。

校级指导评选、交流汇报阶段：马克思主义学院全体人员。

（三）竞赛项目开展时间

2018 级：2018 年 9 月至 2019 年 3 月。

在本次竞赛成功经验的基础上，该竞赛项目持续在后届学生中创造性地开展。

（四）竞赛方式

（1）开学初，指导教师分班向 2018 级学生讲解、布置竞赛活动方案。各班按 8 人左右分小组，每小组从 24 字的社会主义核心价值观中选定一个主题。学习委员统筹好主题和分组，将汇总名单报给指导教师。每个行政班同一主题最多 2 组学生选择。

（2）各小组在教师的指导下，利用课余时间，围绕选定的主题进行理论分析、剧本撰写、角色表演、影片拍摄、后期剪辑,最后制作成 6 分钟左右的微电影作品。2018 年 12 月,各教学班完成全部小组的课堂汇报及展演分享。

(3) 各位指导教师对各小组作品按百分制进行评分,并计入当个学期"思想道德修养与法律基础"课的实践成绩,占总评的 20%。同时,挑选出自己负责班级和二级学院的优秀作品参与校级征选评奖和交流分享。

(五) 微电影表演和摄制的要求、评分标准

(1) 以小组为单位,组员各尽所能,分工合作,集体创作。从社会主义核心价值观的 12 个主题中选择某一项内容,如爱国、敬业、诚信等,围绕选定的内容,紧扣主题进行编剧、表演、拍摄、剪辑、汇报。微电影表演和摄制的所有工作均由本小组成员完成。需要特别强调的是,影片中所有的演员也必须由本小组成员扮演。最后制作成 6 分钟左右的微电影,2018 年 12 月在课堂上汇报展播。

(2) 评分标准:①主题鲜明突出,情节紧凑生动,表演真诚到位;②将选定的社会主义核心价值观主题尽量与本专业人才培养目标和职业素养要求相结合,与广东或粤港澳大湾区经济社会发展相结合,展现青年学生的社会责任感和时代敏锐意识;③作品富有正能量,能较好地感染和吸引观众,坚定学生的价值观自信;④小组全员参与,发挥特长和优势,各尽所能,分工合作,共同完成。

(六) 评奖和发布

(1) 2019 年 1 月,马克思主义学院汇总全校 2018 级学生表演和摄制的优秀微电影作品并进行集中评奖。2019 年 3 月前给获奖小组成员颁发证书和奖金。

(2) 奖项包括:特等奖作品 9 个,每个奖金 300 元;一等奖作品 12 个,每个奖金 200 元;二等奖作品 22 个,每个奖金 150 元。

(3) 评选出的优秀作品将分批分期在学校或马克思主义学院网站发布,供青年学生和思想政治工作同行交流。

三、活动创新点总结

（一）立意于宏阔远，落行于细小实

本活动的设计立意有三：一是通过编写、表演、制作社会主义核心价值观微电影，引导青年学生对社会主义核心价值观进行理论探索和实践养成体验；二是引导青年学生在中华民族伟大复兴的中国梦实践中主动、先锋性地践行社会主义核心价值观；三是引导青年一代将价值追求和理想信念融于国家、集体和社会的发展大潮和共同理想中。但项目要求每个小组将宏阔的主题落实于日常生活的某个细小的切入口。围绕社会主义核心价值观进行微电影表演和制作比赛在高校也不少见，但本项目是细化爱国、敬业、诚信等12个主题，每个竞赛小组必须且只能锁定一个主题进行编剧和表演，时长限定为6分钟左右，且必须有完整的故事情节阐释主题，而不是生硬地说教。

（二）着力于体验践行，定位于能力素质

本活动在2018级4000多名学生中进行，每位学生参与到某个表演和摄制小组中。每个小组的成员既是台前的演员，又要完成幕后编剧和剪辑制作等全部工作，对8人左右的小组来说，可全方位锻炼学生的团队合作、理论研究、写作编剧、语言表达、电影表演、视频剪辑等综合能力。各组所完成的作品，较好地检验了组员团队的综合素质和能力。

（三）起步于小组合作，比拼于校级选拔

项目的初赛在全校2018级学生组成的几百个表演摄制小组中开展。活动包含小组参赛、班级汇报展播、指导教师择优筛选、校级集中评奖、分期分批发布等多个流程，历时长，影响面广。学生在理论探究、角色表演、切身体悟的竞赛活动中，加深了对社会主义核心价值观的理论认知和情感认同，提升了对社会主义核心价值观的践行自觉性。众多小组的表演、展播活动丰富了校园生活，使校园内青年学子践行社会主义核心价

观蔚然成风，真正赋予价值观引领"温度、情怀和精气神"。

四、活动取得的效果

（一）促进了大学生对社会主义核心价值观思想内涵和精神实质的自主学习、深入挖掘和透彻理解

每一个参赛小组要在 12 个主题的社会主义核心价值观中选择一个集中进行表演诠释和摄制剪辑，必须对选定的主题进行深入的分析研究，对拍摄切入口进行精准定位，在此基础上才能构思剧本、定位人设。微电影表演和摄制活动的开展，是课堂显性社会主义核心价值观教育的延伸，拓展了教育的时空广度，丰富了教育形式。

（二）促进了大学生社会主义核心价值观的实践养成，强化了大学生的责任意识和使命担当

一是通过微电影的表演体验，引导大学生做社会主义核心价值观的坚定信仰者、积极传播者、模范践行者，展现了青年学生良好的创新精神和青春风采。二是通过几百个表演摄制小组的活动，对"社会化大课堂"进行模拟再现，在校内和周边社区发挥了较好的辐射带动作用。三是将培育和践行社会主义核心价值观这样的宏大话题与学生的日常生活体验相结合，将核心价值观教育融入大学生的专业学习、校园生活、社会实践中，潜移默化地陶育大学生的思与行。

（三）锻炼了大学生的团队合作、理论研究、写作编剧、语言表达、电影表演、视频制作等多方面的能力，提升了学生的综合素质

既扣准社会主义核心价值观的某项主题又与各自所学专业相结合的微电影创意和编剧主旨，从小组到班级再到学校层层选拔的活动流程，全员参与、独立完成项目所有任务的要求，既纳入课程实践考核又参与校级评奖的评估机制，以上四方面清晰的竞赛设计和指引，发动全校 2018 级学

生全部参与到竞赛活动中，极好地提升了青年学生的思想政治素质、职业道德素养和多方面的综合能力，是一次比较成功的社会主义核心价值观全员教育活动。活动中青年学生表现出来的积极性、主动性和创新精神，激励我们将此项活动在后届学生中接续开展下去，希冀能将此项活动塑造成品牌。

附录七 大学生"践行社会主义核心价值观 自觉担当时代光荣使命"微电影表演与摄制比赛活动分组表

序号	微电影名	参赛小组组员及学号	组长	评语和评分（百分制）

附录八 广东工贸职业技术学院大学生"讲好中国故事，践行社会主义核心价值观"暑期摄影比赛活动方案

一、比赛活动依托项目

（1）教育部高校示范马克思主义学院和优秀教学科研团队建设项目"党的十八大以来高校培育和践行社会主义核心价值观成就和经验研究"（项目编号：18JDSZK050）。

（2）广东省高校特色创新科研项目"讲好中国故事与促进大学生社会主义核心价值观实践养成研究"（项目编号：2018GWTSCX007）。

二、比赛活动意义

（1）在上述项目的研究过程中，需要创新高校社会主义核心价值观教育方式方法。通过在2018级全体学生中开展广东工贸职业技术学院大学生"讲好中国故事，践行社会主义核心价值观"暑期摄影比赛，尝试在目前的思政课教学体系中，进一步细化、优化培育和践行社会主义核心价值观的有效途径、方式方法、长效机制等。

（2）党的十八大以来，习近平总书记反复强调要讲好中国故事，传播好中国声音，阐释好中国特色。"讲好中国故事"在横向的内容层面包括讲好中国共产党治国理政的故事、中国人民奋斗圆梦的故事和中国坚持和平发展合作共赢的故事；在纵向的时间层面包括讲好中国优秀传统文化故事、中国红色故事和改革开放故事。无论从哪个层面，三者蕴含的精神实质与24字社会主义核心价值观的基本内涵是一致的。

（3）2019年适逢新中国70华诞和五四运动100周年。大学生在深入

学习习近平新时代中国特色社会主义思想和党的十九大精神的基础上，结合家乡的光荣革命历史和建设发展的伟大成就，通过镜头与影像，展现真实、立体、全面的家乡和中国，从而牢固树立中国特色社会主义道路自信、理论自信、制度自信和文化自信。这是新时代大学生践行社会主义核心价值观的必然要求，也是大学生自觉成为引领国家发展、担当民族复兴大任的时代新人的光荣使命。

三、比赛活动的组织指导、作品评审人员

（1）马克思主义学院"思想道德修养与法律基础"课全体任课教师负责比赛的组织指导工作。

（2）马克思主义学院"毛泽东思想和中国特色社会主义理论体系概论"课全体任课教师负责作品的展示和评审工作。

四、比赛活动的主题和时间

（1）活动主题："讲好中国故事，践行社会主义核心价值观"。

（2）活动时间：2019年7—10月。

五、比赛活动内容

（1）2019年7月，由各行政班"思想道德修养与法律基础"课的任课教师布置比赛活动方案。每位学生利用暑假时间，紧扣"讲好中国故事，践行社会主义核心价值观"这一主题进行叙事性摄影。任课教师负责其间的指导工作。

（2）每位学生提交的必须是由3～6张有关联且紧扣社会主义核心价值观12项基本内容之一进行主题叙事的照片组成的一件完整的作品。每件作品必须填写附件：大学生"讲好中国故事，践行社会主义核心价值观"主题摄影比赛作品信息表（内含300字左右的作品主题阐述及创作说明）。

六、参赛要求

（1）必须紧紧围绕"讲好中国故事，践行社会主义核心价值观"这一主题进行创作。作品内容还必须严格遵守国家法律法规的相关规定，不得出现违背社会公共道德、侵犯他人隐私及其他违反国家相关法律或规定的内容。

（2）作品必须坚持原创，严禁抄袭、剽窃。抄袭、剽窃他人作品者均被取消参赛资格，并在下学期的"毛泽东思想和中国特色社会主义理论体系概论"课程中扣 10 分。

（3）作品为 JPG 格式，像素高于 800 万。无论获奖与否，提交的参赛资料不予退还。请学生自行做好作品的备份与保存。

七、评审与奖励

（1）每位学生必须且只能提交 1 件作品。2019 年 9 月开学初由各行政班学委统一收取。作品提交情况纳入"毛泽东思想和中国特色社会主义理论体系概论"课实践成绩，占总评的 10%。不交作品者该环节以 0 分计。

（2）各班学委、团支书和班长组成评委团对作品进行第一轮初选。每班选出 5 件作品参与校级评审。

（3）各班"毛泽东思想和中国特色社会主义理论体系概论"课的任课教师利用课堂教学时间，对任教班级初选的作品进行展示汇报。每件作品展示汇报时间为 3 分钟左右。

（4）2019 年 10 月，马克思主义学院汇总各班初选出的作品进行评奖。评分标准从作品的思想内容、精神实质和作品创意等方面衡量。

（5）评选出的优秀作品按等级给获奖者颁发证书和奖金。作品奖项包括：

特等奖作品 27 个，获奖证书 + 奖金 150 元；
一等奖作品 51 个，获奖证书 + 奖金 100 元；
二等奖作品 79 个，获奖证书 + 奖金 50 元；
三等奖作品 105 个，获奖证书。

（6）获奖作品将分批次在马克思主义学院或思政课网站上展示。

附录九 大学生"讲好中国故事,践行社会主义核心价值观"主题摄影比赛作品信息表

作品名称			拍摄时间/拍摄地点	
作者姓名/学号		作者所在班级		联系电话	
获奖情况				
作品主题阐述及创作说明(300字左右)				

附录十 大学生"参观爱国主义教育基地,践行社会主义核心价值观"微视频摄制比赛活动方案

一、活动目的

2019年适逢新中国70华诞和五四运动100周年。大学生在深入学习习近平新时代中国特色社会主义思想和党的十九大精神的基础上,结合广州的光荣革命历史,充分利用广州丰富的爱国主义教育基地资源,通过镜头与影像,回顾和展现波澜壮阔的中国革命历史,从而牢固树立中国特色社会主义道路自信、理论自信、制度自信和文化自信。这是新时代大学生践行社会主义核心价值观的必然要求,也是大学生自觉成为引领国家发展、担当民族复兴大任的时代新人的光荣使命。

二、活动方式

第一阶段:在"思想道德修养与法律基础"课的课堂上,由任课教师组织,班级学生分小组实践。纳入课程实践成绩,占总评的30%。具体操作如下:

(1)以行政班为单位,由学习委员组织班级学生按8人左右一个小组分成若干小组,并将分组名单的电子版报给任课教师。

(2)以小组为单位,利用周末或课余时间自行到广州的爱国主义教育基地进行参观考察、讲述分享,并拍摄制作成6分钟的微视频,在第8周的课堂上进行汇报展播。

(3)每个小组自行选择2个且只选2个爱国主义教育基地进行参观考察、讲述分享。

（4）微视频内容包括：至少2位小组成员对2个爱国主义教育基地的简单介绍；活动过程和精彩之处（必须有小组全体成员的照片或视频片段呈现）；活动收获和感想。

（5）课堂汇报展播时由任课教师和4位学生评委组成评审团，根据各组表现评定分数。全部汇报展播结束后进行点评并公布各组得分。

第二阶段：各行政班得分最高的作品进入校级评奖环节。由马克思主义学院聘请评委对全校的优秀作品进行评审，评出一、二、三等奖若干项，并给获奖者颁发获奖证书和一定的奖金或奖品。

三、广州市部分爱国主义教育基地

广州起义烈士陵园（越秀区中山二路92号）
广东民间工艺博物馆（亦名陈家祠，荔湾区中山七路恩龙里34号）
永庆坊（荔湾区恩宁路99号）
黄埔军校旧址纪念馆（黄埔区长洲军校路170号）
广州艺术博物馆（越秀区麓湖路麓湖公园内）
西汉南越王博物馆（越秀区解放北路867号）
广州近代史博物馆（越秀区陵园西路2号，广州起义烈士陵园内）
三元里人民抗英斗争纪念馆（白云区广园中路34号）
十九路军淞沪抗日阵亡将士陵园（天河区水荫路113号）
广东省博物馆（天河区珠江东路2号）
中华全国总工会旧址纪念馆（越秀区越秀南路89号）
广州市银河烈士陵园（天河区燕岭路394号）
中山纪念堂（越秀区东风中路299号）
广州农民运动讲习所（越秀区中山四路42号）
孙中山大元帅府纪念馆（海珠区纺织路东沙街18号）
黄花岗七十二烈士墓园（越秀区先烈中路79号）
邓世昌纪念馆（海珠区宝岗大道龙涎里直街2号）
六二三路沙基惨案纪念碑及沙面岛（荔湾区沿江路与六二三路交接处）
从化博物馆（从化区河滨北路74号）
中共三大会址纪念馆（越秀区恤孤院路3号）
中山大学生物博物馆（海珠区中山大学南校区内）

广州神农草堂中医药博物馆（白云区沙太北路 389 号）

四、评分标准

（1）对 2 个爱国主义教育基地的介绍条理清晰、重点突出、简明扼要。

（2）主题鲜明突出，富有正能量。视频清晰且配有字幕。后期剪辑制作质量高，能较好地吸引和感染观众，坚定学生的价值观自信。

（3）小组全员参与，发挥特长和优势，各尽所能，分工合作，共同完成。视频末尾必须列出每个组员承担的工作。

五、特别提醒

（1）外出安全第一，小组集体行动。活动听从小组长统筹安排。

（2）小组长将本小组的外出时间提前向任课教师报备。活动结束后按时回校并告知教师。有事情及时与学委或任课教师沟通联系。

附录十一 大学生"参观爱国主义教育基地,践行社会主义核心价值观"微视频摄制比赛活动分组表

班级:

汇报序号	活动及拍摄地点(2个)	组员姓名、学号	组长	评语及评分

附录十二 大学生"参观爱国主义教育基地,践行社会主义核心价值观"微视频摄制比赛活动获奖证书模板

荣誉证书

  在"参观爱国主义教育基地,践行社会主义核心价值观"微视频摄制比赛活动中,××级××班××、××、××、××、××、××(注:列出所有组员姓名)小组摄制的实践活动微视频作品荣获××奖。特发此证。

马克思主义学院

××年×月×日